Le Dictionnaire des Noms et Prénoms arabes

Ce dictionnaire a été réalisé avec, par ordre alphabétique, le concours de Mesdames et Messieurs : R. Chauvin, A. Di Sanza, A. Desmazières, R. Gril, N. Penot, K. Zarhouni. Qu'ils soient tous ici remerciés de leur précieuse collaboration.

D. Penot

ALIF éditions
130, Avenue du Maréchal de Saxe
69003 Lyon

Ouvrages parus aux éditions Alif

Les Jardins de la Piété (Ryâd al-Sâlîhîna), d'al-Nawawî, bilingue (tome 1)

Les Jardins de la Piété (version intégrale en français) Traduction de D. Penot et J. J. Thibon

Le Livre de l'amour d'abû Hâmid al-Ghazâlî, traduction d'Ahmad Musalli

La perle précieuse d'abû Hâmid al-Ghazâlî, traduction Léon Gauthier

Les Signes de la fin des temps, compilation de traditions prophétiques relative aux signes des temps. Traduction et présentation D. Penot

Le Livre des rêves, d'Ibn Sîrîn. Traduction et présentation D. Penot

Le Livre des Invocations, d'al-Nawawî. Traduction Ahmad al-Fâtih, entièrement revue et corrigée par D. Penot.

De l'abandon de la Volonté propre, de 'Atâ' Allah al-Sakandarî, traduction D. Penot.

Le Livre des haltes, de l'émir 'Abd al-Qâdir, traduction et notes 'Abd-Allah Khurshîd.

Les jardins de la piété, bilingue, tome 2.

Des Vertus du Mariage, d'al-Ghazâlî, traduction et notes : A. Desmazières.

Ouvrages à paraître

L'interprétatiton judicieuse, d'al-Sharanbulâlî, traduction : N. Penot Maaded.

L'Epitre des Postulants, d'al-Muhâsibî, traduction et notes : A. Dukkalî.

Conception, maquette et mise en page
imprimerie Alfalif, 7, rue Saint Jacques,
69003 LYON.

ISBN 2-908087-09-x

INTRODUCTION

Selon les grammairiens arabes, le nom (*ism*) est ce qui permet de distinguer "les nommés" les uns des autres. Ils le font tantôt dériver de la racine *wasama*, qui signifie distinguer, marquer, ou encore de *sumuww* qui est synonyme d'élévation. Selon Ibn 'Abbâs, le nom est à la fois "la forme et la marque apposée sur une chose pour la connaître" (*rasmun wa sima tûda'u 'alâ al-shay, tu'rafu bihi*). D'un autre côté, le Coran (2, 31-33) rapporte que c'est Dieu Lui-Même qui Se chargea d'enseigner à Adam les noms des êtres, dont il connut ainsi la nature propre — puisque nommer quelqu'un revient à le connaître — ce qui lui permit d'assurer le rôle de commandement qui lui était dévolu au titre de Lieutenant (*khalîfa*) de Dieu sur terre.

C'est bien ainsi que les anciens Arabes comprenaient le rôle du nom — celui de déterminer la nature même de l'être — et ils en faisaient un usage conforme à cette idée. Aussi, si le nom des banî Himâr (les fils de l'âne) ou des banî Kalb (fils de chien) font sourire aujourd'hui, c'est tout simplement parce qu'on ignore à quel dessein répondait cette nomination. Les premiers voyaient dans l'âne un animal particulièrement endurant et espéraient, en se donnant un tel nom, acquérir quelque chose de cette endurance ; quant aux seconds, c'est leur amour de la chasse qui les poussa à adopter ce patronyme. Le Prophète lui-même — sur lui la grâce et la paix — eut un de ce nom, pour cette raison même, sans que cela prête à sourire. Ces mêmes Arabes avaient du reste coutume de dire : "Nous nommons nos fils en fonction de nos ennemis, alors que nous nommons nos serviteurs pour nous-mêmes" .

Il va de soi que l'apparition de l'Islam,

introduisant chez les nouveaux convertis certaines considérations "morales" qui leur étaient étrangères, modifiera considérablement les comportements. On ne s'appelera plus désormais ni chien, ni âne, ni tyran (*zâlim*), ni même diable (*shaytân*). Le Prophète interviendra lui-même directement à plusieurs reprises pour modifier un transgresseur (*'Âss*) en obéissant (*mutî'*) ou un nom signifiant "guerre" (*harb*) en nom signifiant "paix" (*silm*). Mais ce qu'il faut retenir de ces anciennes coutumes, c'est qu'un nom, qu'il s'agisse d'un nom de fleur, de pierre précieuse ou d'animal est toujours choisi pour ses vertus réelles ou supposées.

M. et Mme Geoffroy, auteurs d'un ouvrage intitulé "Le Livre des prénoms arabes" portant sur le même sujet, ajoutent aux catégories de noms que nous venons d'énumérer d'autres évoquant des idées de vertu, de longévité ou de servitude à l'égard de Dieu. Il n'y a pas de liste réellement exhaustive en la matière, mais le classement retenu dans cet ouvrage nous paraît amplement suffisant. Quant à nous, nous nous sommes contentés, de classer ces (pré)noms par ordre alphabétique, sans nous astreindre à les classer dans des rubriques déterminées, estimant que dans la plupart des cas, que leur sens était suffisamment éloquent par lui-même pour déterminer la catégorie dans laquelle il conviendrait de les ranger. Pour en terminer avec cette question il faudrait, pour en faire une étude complète, distinguer les catégories de noms usitées avant l'Islam [telle que celle des noms exprimant la dureté par exemple], de celles qui leur sont consécutives [noms exprimant des vertus spécifiquement musulmanes], et de celles enfin qui sont communes aux deux périodes anté et post-islamique [par exemple, des noms évoquant l'idée

de générosité].
Pour en revenir aux noms proprement dits, les grammairiens arabes en distinguent trois types :

— le nom (*ism*) proprement dit : Ex : 'Umar, 'Abd Allah.
— le nom de paternité (*kunya*). Ex : Abû Hafs̱ (père de Hafs̱).
— et le surnom (*laqab*), péjoratif ou laudatif selon les cas. Ex : *a'war*, borgne.

A ces types il conviendrait de rajouter un nom stipulant l'origine (*nisbat*), qu'il s'agisse de filiation (fils d'untel), du lieu auquel on se rattache (damascène, *dimashqî*), ou de filiation intellectuelle (*mâlikî*, *shâdhilî*, *ash'arî* etc.)

Cela dit, la frontière entre ces différents types de noms est très poreuse, et il n'est pas rare de voir quelqu'un appelé par sa *kunya* exactement comme on l'appellerait par son nom (*ism*), qui est, des trois types envisagés, celui qui correspond le plus exactement à notre prénom. Dans le présent dictionnaire, nous n'avons pas éliminé systématiquement les (pré)noms anté-islamiques, même quand ils présentaient une connotation péjorative. Il y a cela deux bonnes raisons :
— le fait que de tels noms aient été portés par des personnages historiques souvent considérables nous interdisait, nous semble-t-il, de les passer purement et simplement sous silence, quelque soit notre sentiment à l'égard de ce nom.
— nous ne voyions pas de raison de ne pas le faire figurer dans un dictionnaire des noms et prénoms arabes un nom qu'il est toujours possible de rencontrer dans des ouvrage littéraires ou historiques connus.

Cela dit, nul n'est aujourd'hui tenu de nommer

son fils *Himâr* (âne), *Zâlim* (tyran) ou *Dhubâb* (mouche) pas plus que sa fille *'Asiya* (désobéissante) ou *Fattâna* (tentatrice) ! Cela est laissé bien entendu à l'appréciation des parents qui sont seuls juges en la matière. Et puisque nous en sommes à parler du sens des noms, il nous faut encore préciser ici qu'il est des noms pour lesquels nous n'avons trouvé aucune signification précise, tandis qu'il en est d'autres dont la signification, si, elle nous a paru vraisemblable, n'était cependant pas certaine : nous avons presque toujours signalé ce dernier cas.

Certains noms communs, de forme féminine grammaticalement parlant, sont employés comme des (pré)noms masculins et vice-versa. Nous avons souvent fait remarquer cette "anomalie", mais pas de façon systématique ; aussi le lecteur devra-t-il se garder de conclure, en se fiant au genre des (pré)noms, à celui des noms communs correspondants.

En ce qui concerne les Noms divins, tels que le Miséricordieux, le Clément etc., il faut savoir que les théologiens musulmans font une distinction entre ceux qui s'appliquent également à Dieu et à l'homme (*al-asmâ' allâtî taqbal al-Mushâraka*) et ceux dont l'usage est réservé exclusivement à Dieu. Là aussi, nous n'avons pas signalé la chose de manière systématique, laissant au lecteur le soin de se renseigner auprès de ceux qui font autorité en la matière. De même, nous n'avons pratiquement pas cité de noms faisant référence à une contrée déterminée (*qurtubî, tirmidhî,* etc.), estimant qu'ils sont trop éloquents pour figurer dans un "petit dictionnaire", si exhaustif soit-il.

Certains, enfin, seront peut-être tentés de nous reprocher de ne pas avoir donné de précisions sur les personnages mentionnés dans cet ouvrage pour illustrer tel ou tel nom peu usité ou à la signification étrange. C'est à dessein que nous nous en sommes abstenu afin de ne pas l'allonger de manière inconsidérée, notre but étant seulement de signaler que ce nom était bel et bien attesté. Si toutefois un lecteur curieux voulait en savoir davantage, il n'aurait qu'à chercher le nom en question dans un des ouvrages qui figurent dans la liste bibliographique située à la fin de l'introduction.

De la 'Aqîqa

La 'Aqîqa (عَقِيقَة) est une tradition instaurée par l'Islam, et qui n'est pas sans rappeler le sacrifice abrahamique. Selon Bukhârî, le Prophète — sur lui la grâce et la paix — nous a enseigné que, pour chaque enfant, il convenait de sacrifier un animal, et que le sang versé serait pour lui une préservation. Ce sacrifice, qui est recommandé (*mustahabb*), doit se faire le septième jour de la naissance de l'enfant, sachant que le jour de sa naissance n'est pris en compte que s'il est né entre le coucher du soleil (*maghrib*) et l'aube (*fajr*). S'il était né après l'aube, il faudrait commencer le décompte le jour suivant. La bête doit être impérativement sacrifiée de jour et non de nuit (c'est-à-dire après l'aube du septième jour). Ce sera aussi le moment, toujours selon les conseils du Prophète — sur lui la grâce et la paix —, de donner un nom à l'enfant et de lui raser les cheveux afin de les peser et de donner en aumône leur poids d'or ou d'argent. C'est ce que fit le Prophète lui même — sur lui la grâce et la paix — qui égorgea un brebis pour sayyidinâ al-Hassan. Al-Sayyida Fâtima, fille du Prophète, fit raser ses enfants, al-Hassan, al-Hussayn, Zaynab et Umm Kulthûm le septième jour de leur naissance, et distribua en aumône une quantité d'argent équivalente au poid de leurs cheveux. La bête sacrifiée devra être exempte de défauts corporels et peut être offerte en aumônes aux pauvres, mais aussi en cadeau à des amis ; rien n'empêche les parents eux-mêmes d'en manger.

C'est aussi ce jour, avons-nous vu, qu'il convient de donner à l'enfant un nom, nom qui va en quelque sorte confirmer son entrée dans l'existence. Ainsi l'aspect essentiel de l'être, — symbolisé par son nom — ne lui est-il assigné qu'une semaine après le début de sa manifestation corporelle, en conformité avec les lois qui régissent le monde créé et qui veulent que l'on s'élève graduellement du sensible (*hiss*) à l'intelligible (*ma'nâ*). Tous ces rites nous rappellent qu'il n'est pas de vie sans mort préalable, et que toute naissance comporte un double aspect à la fois sacrificiel — au sens étymologique du terme de rendre sacré — et expiatoire. Et c'est à ce titre que la 'Aqîqa, ainsi que nous l'avons dit plus haut, nous remet en mémoire le sacrifice d'Abraham, le patriarche dont le Sceau des prophètes — sur lui la grâce et la paix — vint restaurer la Tradition monothéiste.

Index bibliographique

Al isâba fî tamyîz al-Sahâba, d'ibn Hajar al-'Asaqalînî.

Tahdhîb siar a'lâm al-Nubalâ', de Shams al-Dîn al-Dhahabî. Muassassat al-Risâla.

Qâmus al-Asmâ' al-'Arabiyya, de Shafîq Aarnaût. Dâr al-'Ilm lil Malâyîn.

Le livre des prénoms arabes, de Yûnis et Nafîssa Geoffroy. Vivre l'islam en Occident.

Classification des noms

Les noms sont tout d'abord classés selon l'ordre alphabétique des lettres arabes. Mais à chaque article corespondant à ces lettres, nous avons suivi l'ordre alphabétique français, sans tenir compte des lettres *'ayn* et *hamza* qui sont seulement figurées par une virgule (' ou ') car elles n'ont pas d'équivalent en français. A titre d'exemple, le prénom Sa'd est classé à la lettre *sîn* qui occupe la douzième place de l'alphabet arabe et non à la lettre "s" qui occupe la dix-neuvième place de l'alphabet français. Puis à l'intérieur de la lettre sîn, le prénom Sa'd sera placé entre un nom commencé par Sac et un autre commencé par Sae, si tant est qu'il en existe. Nous ne tenons donc pas compte, pour sa classification, du *'ayn* figuré par l'apostrophe inversée ' et le classerons exactement comme s'il s'écrivait Sad.. C'est la graphie du mot arabe qui mettra en évidence la présence de cette lettre qui, au risque de nous répéter, n'a pas d'équivalent en français. Il ne nous reste plus qu'à souhaiter à nos lecteurs de trouver leur satisfaction dans cette liste de noms arabes.

systéme de transcription des mots arabes

ء	'
ب	*b*
ت	*t*
ث	*th*
ج	*j*
ح	*h*
خ	*kh*
د	*d*
ذ	*dh*
ر	*r roulé*
ز	*z*
س	*s*
ش	*sh*
ص	*s̲*
ض	*d̲*

ط	*t̲*
ظ	*z̲*
ع	‘
غ	*gh*
ف	*f*
ق	*q*
ك	*k*
ل	*l*
م	*m*
ن	*n*
ه	*h̲*
و	*w*
ي	*y*

Voyelles : a, â,i, î, u, û, ay, aw
Article : "al" y compris devant les lettres solaires

Alif
ألف

Masculin

A'bal (أعْبَل) : Gros, corpulent ; montagne aux pierres blanches. Féminin : 'Ablâ'.

Abiyy (أبيّ) : Qui se préserve de ce qui est méprisable. Blanche. Féminin : Baljâ'.

Abjar (أبْجَر) : Au ventre gonflé. Ex : Abjar al-Muzanî.

Ablaj (أبْلَج) : Clair, intelligible, doté d'un grand visage à la peau claire.

Abra*h*a (أبْرَهَة) (mixte) : Nom d'origine éthiopienne.

Abraj (أبْرَج) : Qui a de beaux yeux. Féminin : Barjâ'.

Abya*d* (أبْيَض) : Blanc. Ex : Abya*d* b. 'Abd al-Rahmân.

Ad'aj (أدْعَج) : Celui qui a de grands yeux noir (description que l'on fait ordinairement du Prophète — sur lui la grâce et la Paix). Féminin : Da'jâ'.

Âdam (آدَم) : Teint brun, hâlé. Le père de l'humanité, Adam. Féminin : Admâ'.

A*d*ba*t* (أَضْبَط) : Plus précis. Ex : A*d*ba*t* b. Yahyâ.

Ad*h*am (أَدْهَم) : Noir ; Vestiges anciens ou récents ; chaîne, lien.

Adîb (أديب) : Lettré, écrivain ; homme poli.

Adra' (أَدْرَع) : Qui a la tête ou la poitrine d'une couleur différente du corps ; né d'un étalon de race et d'une jument commune. Ex : Adra' al-*D*amirî.

Aflah (أَفْلَح) : Réussite ; nom de compagnons du Prophète — sur lui la grâce et la paix.

Afrah (أَفْرَح) : Joie ; nom de compagnons du Prophète — sur lui la grâce et la paix.

Af*t*as (أَفْطَس) : Qui a le nez écrasé.

Agharr (أَغَرّ) : Noble, généreux, vertueux ; nom masculin employé comme prénom féminin. Féminin : Gharrâ'.

Aghiad (أَغْيَد) : D'abord facile ; au cou penché ; seigneurie. Féminin : Ghaydâ'.

Aghlab (أَغْلَب) : Le lion ; majorité ; nom de la tribu des Aghlabides (*Aghâliba,* plur. de Aghlab).

Ahbân (أَهْبان) : Ex : A*h*bân b. 'Amr.

Ahdab (أَحْدَب) : Bossu.

Ahqab (أَحْقَب) : Qui a une bande blanche sur le ventre ; montagne élevée avec du brouillard à son sommet ; onagre.

Ahmar (أَحْمَر) : Rouge.

Ahnaf (أَحْنَف) : Qui marche en dedans.

Ahwas (أَحْوَس) : Courageux, audacieux ; un des noms du loup. Féminin : Hawsâ'.

Ahwas̲ (أَحْوَص) : Qui a un œil trop petit ou plus petit que l'autre. Ex : Al-Ahwas̲ b Mas'ûd.

Ahzam (أَحْزَم) : A la poitrine large ; ferme ; prudent.

Ahmad (أَحْمَد) : Ce mot signifie : j'adresse une louange ; l'un des noms du Prophète Muhammad — sur lui la grâce et la paix.

A*h̲*yaf (أَهْيَف) : Elancé, mince, svelte. Féminin : *H̲*ayfâ'.

A*h̲*wad (أَهْوَد) : Second jour de la semaine ; Lundi du calendrier arabe. Ex : A*h̲*wad b. 'Iyâ*d̲*.

Ajalla (أَجَلَّة) : Suprême, violent . Féminin : Julla.

Ajam (أَجَم) : Brousailles. Ex : Al-Ajam b. Qays.

Ajda' (أَجْدَع) : Mutilé. Ex : Al-Ajda' b. Mâlik.

Aj*h̲*ar (أَجْهَر) : Qui a une belle apparence ; qui ne supporte pas la lumière solaire.

Ajyad (أَجْيَد) : Qui a le cou long ou joli. Féminin : Jaydâ'.

Ajmad (أَجْمَد) : Ferme ; solide. Ex : Ajmad al-'Abdî.

Ajnal (أَجْنَل) : Aux grands yeux de toute beauté. Féminin : Najlâ'.

Ajlâ (أَجْلى) : Beau visage. Féminin : Jalwâ'.

Ajwad (أَجْوَد) : Généreux, supérieur. Féminin : Jawdâ'.

Ak/hal (أَكْحَل) : Celui qui a des cernes autour des yeux. Féminin : Kahlâ'.

Akbar (أَكْبَر) : Plus grand. Ex : Akbar al-Hârithî.

Akhdab (أَخْدَب) : Grand, long. Féminin : Khadbâ'.

Akh*d*ar (أَخْضَر) : Vert, bois vert qui n'a pas encore séché.

Akhfash (أَخْفَش) : Aux petits yeux ; aux yeux chassieux.

Akhnas (أَخْنَس) : Camus, au nez retroussé.

Féminin : Khansâ'. Al-Khansâ' fut une poétesse célèbre de la période préislamique, qui adopta l'Islam du vivant du Prophète — sur lui la grâce et la paix. Elle fit alors preuve d'un dévouement exemplaire à la cause de la religion naissante.

Akhram (أَخْرَم) : Qui a l'oreille ou le nez percé.

Akhtam (أَخْتَم) : Repu, pansu ; chemin large.

Akh *t*al (أَخْطَل) : Aux oreilles pendantes ; nom de deux poètes célèbres.

Akhwas (أَخْوَص) Aux yeux enfoncés.

Aktal (أَكْتَل) : Dur, difficile, critique ; malheur. Ex : Aktal b. Shammâkh.

Aktham (أَكْثَم) : Gros, charnu, ventru ; large ; rassasié. Ex : Aktham b. Sayfî.

Akwa‘ (أَكْوَع) : Qui a le poignet démis ou l’os de la cheville saillant. Ex : Al-Akwa‘ al-Aslamî.

Al*t*âf (أَلْطاف) : Pluriel de Lu*t*f qui signifie : ami ; réussite, protection divine.

Amad (أَمَد) : Terme ; colère ; terme limite ; borne. Ex : Amad b. al-Ha*d*ramî.

Amânât (أَمانات) : Pluriel de *amâna*, dépôt. Ex : Amânât b. Qays.

Amjad (أَمْجَد) : Glorieux.

Âmin (آمِن) : Apaisé, ferme, inébranlable. Féminin : Âmina.

Amîn (أَمين) : Fiable, loyal, sincère. Féminin : Amîna.

Âmîn (آمين) : Ce mot signfie : “Exauce nos prières”; il doit être récité après la première sourate du Coran (dont la lecture est obligatoire au cours des prières canoniques).

Amîr (أَمير) : Prince, roi ; dirigeant, législateur. Féminin : Amîra.

Anas (أَنَس) : Amitié, familiarité, joie ; grande assemblée de gens, famille.

Anasa (أَنَسَة) : Même sens que Anas. L’un des serviteurs du Prophète se prénommait Anasa.

Anbâr (أَنْبار) : Grange, grenier ; arrière-boutique. Ex : al-Anbârî.

Anîf (أَنيف) : Blessé au nez ; qui se couvre de végétation. Ex : Anîf b. Yazîd b. Fi*h*ra.

Anîs (أنيس) : Masculin de Anîsa.

Anjasha (أَنْجَشَة) : Ex : Anjasha, l'un des conducteurs de chameau du Prophète — sur lui la grâce et la paix.

Anmâr (أَنْمار) : Pluriel de *namir* : léopard ; point d'eau douce ; même sens : Inmâr.

Ans̲ârî (أَنْصاري) : Nom de généalogie ; descendant des *Ansârs*, c'est-à-dire des habitants de Yathrib (qui allait devenir Médine), qui soutinrent le Prophète — sur lui la grâce et la paix — au début de sa mission. Ils reçurent le nom laudatif d'*ans̲ârs* (= partisans) pour avoir été ses premiers auxiliaires non Mecquois. Féminin : Ans̲ariyya.

Anwar (أَنْوَر) : Plus lumineux, plus clair ; beau.

Aqra' (أَقْرَع) : Chauve. Ex : Al-Aqra' b. Hâbis.

Aqram (أَقْرَم) : Blanc ; blanc mêlé de vert ; brillant comme la lune.

A'raj (أعرَج) : Boiteux. Ex : 'Abd Allah b. Ishâq al-A'raj.

A'ras (أعْرَس) : Ex : A'ras b. 'Umar al-Yashkurî.

Arbad (أَرْبَد) : Gris cendré, noir ; lion ; sinistre. Ex : Arbad b. Ruqays al-Usdî.

Arqam (أَرْقَم) : Plume ; serpent mâle.

Arqat̲ (أَرْقَط) : Léopard.

Art̲abân (أَرْطَبان) : Ex : Art̲abân al-Muzanî.

Artât (أرْطاة) Variété de jujubier ; nom du père du compagnon Busr b. Artât. Nom féminin employé comme un masculin.

Arwa‘ (أرْوَع) (mixte) : Intelligent, noble, courageux ; éblouissant.

Asad (أسَد) : Lion ; courage.

As‘ad (أسْعَد) : Plus propice ; plus heureux ; gale du chameau. Ex : As‘ad b. Sahl.

Asadd (أسَدّ) : Pénétrant, vif.

Asamm (أصَمّ) : Sourd ; ineffable ; massif. Ex : Asamm al-‘Âmirî.

Asbagh (أصْبَغ) : Qui a le toupet ou les oreilles blanches (cheval) ; qui a les habits partiellement salis ; torrent violent. Ex : Asbagh b. Ghiyâth.

Asghar (أصْغَر) : Plus petit. Ex : Asghar b. Qays.

A‘shâ (أعْشا) : Velu ; dont la couleur tend vers le noir.

A‘shâ (أعْشى) : A la vue faible ; aveugle. Ex : A‘shâ b. Qays.

Ash‘ab (أشْعَب) : Aux épaules larges ; aux fesses écartées. Ex : Ash‘ab b. Umm Hamîda.

Ashajj (أشَجّ) : Balafré au front. Ex : Al-Ashajj b. abî al-Dunyâ.

Ash‘ath (أشْعَث) : Qui a les cheveux poussiéreux et plaqués sur la tête. Ex : Al-Ash‘ath b. Qays.

As/hab (أصْهَب) : Lion ; jour de grand froid ; personne aux cheveux et aux poils roux. Féminin : Sahbâ’.

Ash/hal (أشْهَل) : Qui a des yeux noirs tirant sur le bleu. Féminin : Shahlâ'.

Ashyam (أشْيَم) : Qui a des grains de beauté sur le corps. Féminin : Shaymâ'.

Ashja' (أشْجَع) : Plus courageux. Ex : Al-Ashja' b. Sinân.

Ashraf (أشْرَف) : Nom d'une des tribus de l'Arabie.

Asla' (أسْلَع) : Qui a des crevasses aux pieds ; lépreux. Ex : Al-Asla' b. Sharîk.

Aslam (أسْلَم) : Signifie : "il s'est soumis". Nom d'une tribu arabe contemporaine du Prophète — sur lui la grâce et la paix. Féminin : Salmâ.

Asmâ' (أسْماء) (mixte) : Plus élevé. Ex : Asmâ b. Khârija al-Aslamî.

Asmar (أسْمَر) : Au teint mat, basané. Féminin : Samrâ'.

Asqa' (أسْقَع) : Petit oiseau semblable au passereau. Tout animal à tête blanche. Ex : Al-Asqa' al-Bakrî.

Asma' (أصْمَع) : Epée tranchante, cœur éveillé, un homme de haute condition ; tribu arabe dont descend le poète al-Asma'î.

Asram (أصْرَم) : Pauvre. Ex : Asram b. Sa'îd.

Asyad (أصْيَد) : Bon chasseur ; qui penche la tête ou qui la relève ; roi ; lion. Ex : Asyad b. Salama.

Athajj (أثَجّ) : Ex : Athajj al-'Abdî.

Athâl (أثال) : Noblesse d'origine ; considération. Ex : Athâl b. al-Nu'mân.

Athwab (أثْوَب) : Ex : Athwab b. 'Utba.

Atla' (أتْلَع) : Doté d'un long cou ; de grande stature. Féminin : Tal'â'.

A'war (أعْوَر) : Borgne. Ex : Al-A'war b. al-Ward.

Awfâ' (أوْفى) : Plus loyal, plus fidèle.

Aws (أوْس) : Don, cadeau ; loup. Nom d'une tribu arabe.

Awsa*t* (أوْسَط) : Milieu, médian. Ex : Awsa*t* b. 'Amr al-Bajalî.

Awwâb (أوّاب) : Sensible, prompt au repentir ; qui multiplie les invocations ; échanson.

Ayfa' (أيْفَع) : Jeune homme adulte ; grand. Ex : Ayfa' b. 'Abd al-Kilâ'î.

Ay*h*am (أيْهَم) : Courageux ; haute montagne.

Âyib (آيِب) : Celui qui revient, qui retourne.

A'yun (أعْيُن) : Pluriel de *'ayn*, œil. Ex : A'yun b. *D*ubay'a.

Ayman (أيْمَن) : Chanceux, béni ; qui se situe sur la droite. Féminin : Yamnâ'.

Aysar (أيْسَر) : Plus facile. Féminin : Yusrâ'.

Ayyûb (أيّوب) : Nom coranique du prophète Job — sur lui la paix.

Az*h*ar (أزْهَر) : Plus fleuri. Ex : Azhar b. Qays.

Ibâya (إبايَة) : Mépris ; dédain ; refus. Ex : Ibâya b. A<u>th</u>âl.

Ibbân (إبّان) : Moment favorable ; opportunité. Ex : Ibbân al-'Abdî.

I<u>kh</u>tiyâr (إخْتِيار) : Choix, élection.

Imâm (إمام) : Guide, chef de guerre ; méthode ; fil à plomb.

Imru'u (إمْرُؤ) : Homme. Ex : Le poète Imru'u al-Qays.

Imtiyâz (إمْتِيَاز) : Distinction, privilèges.

Intisâb (إنْتِساب): Généalogie, se réclamer de telle origine.

Irti<u>*d*</u>â' (إرْتِضاء) : Choix, élection, agrément.

Irtiyâh (إرْتِياح) : Joie, zèle, dynamisme.

Isâf (إساف) (mixte) : Désespoir ; nom d'une des idoles de la période anté-islamique. Si ce nom est tombé en désuétude pour des raisons évidentes, il n'en va pas de même de celui d'une autre idole qui lui était généralement associée (Nâ'ila) et dont la signification est : celle qui obtient. Ex : Isâf b. Anmâr al-Sulamî.

Islâm (إسْلام) : Religion du même nom ; obéissance, soumission.

Ittihâd (إتِّحاد) : Union.

Iyâd (إياد) : Ce qui corrobore, qui renforce ; voile ; aile d'une armée ; citadelle, fortification.

Iyâs (إياس) : Lassitude, désespoir.

Izdâd (إزْداد) : Signifie : Il a augmenté.

Izdijâr (إزْدجار) : Obéissance, docilité.

Ubay (أُبَي) : Diminutif de Ab, petit père. Ex : Ubay b. Ka'b.

Ubayr (أُبَيْر) **:** Sans doute diminutif de *ibar*, aiguille, piqûre. Ex : Ubayr b. Yazîd.

Ukaydar (أُكَيْدر) : Ex : Ukaydar b. 'abd al-Malik.

U<u>h</u>ba (أُهْبَة) : Dispositions, don ; nom de "famille" qui se rencontre aussi sous la forme *wa<u>h</u>ba.*

Ukayna (أُكَيْنَة) : Vraisemblablement diminutif de *ukna*, nid d'oiseau. Ex : Ukayna al-Tamîmî.

Ukayma (أُكَيْمَة) : Vraisemblablement diminutif de *akama*, butte, tertre. Ex : Ukayma b. 'Ubâda.

Umayya (أُمَيَّة) : Petit esclave. Ex : Umayya b. 'Amr.

Usâma (أُسامَة) : Nom propre du lion ; de forme féminine, ce nom est utilisé pour les hommes.

Usayd (أُسَيْد) : Petit lion.

Usayyid (أُسَيِّد) : Nobles, dignitaires d'un peuple (idem : Usaywid).

Uways (أُوَيْس) : Diminutif de Aws. Ex : Uways al-Qaranî.

Féminin

Abraha (أَبْرَهَة) (mixte) : Nom d'origine éthiopienne.

Admâ' (أَدْمَاء) : Au teint brun, hâlé.

Âlâ' (آلاء) : Pluriel de *ilâ*, ce mot signifie : bienfaits ; arbre qui reste vert.

Ama (أَمَة) : Servante.

Amân (أَمَان) : Apaisement ; pacte, protection, sincérité ; nom masculin employé comme prénom féminin.

Almâs (أَلْمَاس) : Diamant ; nom masculin employé comme prénom féminin.

Amal (أَمَل) : Espoir, prévision ; nom masculin employé comme prénom féminin. Plur. : *Âmâl*.

Amâna (أَمَانَة) : Fidèle en amitié, qui honore ses engagements.

Amâna (أَمَانَة) : Sens voisin du précédent : Dépôt ; loyauté, fidélité ; le fait de tenir ses engagements.

Amîna (أَمِينَة) : Fiable, sincère.

Âmina (آمِنَة) : Sereine.

Amîra (أَمِيرَة) : Princesse.

Ânisa (آنِسَة) : Jeune fille d'un caractère heureux, jeune fille vierge.

Anîsa (أَنِيسَة) : Familière, enjouée.

Araj - Arîj (أريج/ أرَج) : Emanation de parfum. Nom masculin utilisé comme prénom féminin.

Arîn (أرين) : Jovialité, activité, zèle ; nom masculin employé comme prénom féminin.

Arnab (أَرْنَب) : Lapin. Ex : Arnab bint 'Afîf.

Arwâ (أرْوى) : Femelle de l'élan.

Arwa' (أَرْوَع) (mixte) : Intelligent, noble, courageux, éblouissant.

Âsiâ (آسيا) : Colonne ; nom de l'épouse de Pharaon, elle est donnée par la tradition pour une des femmes parfaites.

Asîl (أسيل) : Souple, lisse, ferme (se dit, entre autres, des joues) ; nom masculin employé comme prénom féminin.

Asmâ' (أَسْماء) : Plus élevée. Ex : Asmâ' bint abî Bakr.

A<u>th</u>îla (أَثِيلَة) : Noble ; d'origine ; ferme. Ex : A<u>th</u>îla bint al-Hâri<u>th</u>.

A<u>th</u>îma (أَثِيمَة) : Coupable. Ex : A<u>th</u>îma al-Ma<u>kh</u>zûmiyya.

Âya (آيَة) : Signe, phrase isolée d'un texte, marque, miracle, objet de méditation.

Ibâ' (إباء) : Pudeur.

Ib<u>h</u>âj (إِبْهاج) : Bonheur, joie. Nom masculin utilisé comme prénom féminin.

Ibti<u>h</u>âj (إِبْتِهاج) : Joie, gaîté. Nom masculin utilisé comme prénom féminin.

Ibti<u>h</u>âl (إِبْتِهال) : Invocation, supplication adressée à Dieu. Nom masculin utilisé comme prénom féminin.

Ibjâl (إِبْجال) : Charme, joie, réjouissance. Nom masculin utilisé comme prénom féminin.

Ibtikâr (إِبْتِكار) : Innovation, invention ; nom masculin utilisé comme prénom féminin.

Ibtisâma (إِبْتِسامَة) : Sourire, petit rire étouffé.

Ibtisâm (إِبْتِسام) : Cf Ibtisâma ; nom masculin utilisé comme prénom féminin.

Ibtiyâj (إِبْتِياج) : Lueur (de l'éclair).

Iftikâr (إِفْتِكار) : Réflexion, pensée ; nom masculin employé comme prénom féminin.

Ifti<u>kh</u>âr (إِفْتِخار) : Orgueil, vanité, fierté ; nom masculin employé comme prénom féminin.

Ighâtha (إِغاثَة) : Aide, secours, assistance.

I<u>h</u>dâ' (إِهْداء) : Cadeau, don, égards ; nom masculin employé comme prénom féminin.

Ihsân (إِحْسان) : Vertu, perfection, action louable ; nom masculin utilisé comme prénom féminin.
Féminin : Husnâ', la meilleure, la vertueuse.

Ihtisâb (إِحْتِساب) : Intention, considération, calcul.

I<u>kh</u>â' (إِخاء) : Affinité, fraternité, amitié. Nom masculin utilisé comme prénom féminin.

Ihti<u>sh</u>âm (إِحْتِشام) : Pudeur, honte ; le fait d'être confus. Nom masculin utilisé comme prénom féminin.

Ijlâl (إِجْلال) : Le fait de magnifier, respect, pureté, transcendance ; générosité ; perfection. Nom masculin utilisé comme prénom féminin.

Înâs (إِيناس) : Qui tient compagnie, familière ; certitude ; nom masculin employé comme prénom féminin.

I<u>kh</u>lâ*s* (إِخْلاص) : Loyauté, sincérité, dévouement ; nom masculin utilisé comme prénom féminin.

Îlâ' (إِيلاء) : Election, choix, désignation testamentaire. Nom masculin employé comme prénom féminin.

Îlâf (إِيلاف) : Pacte ; nom masculin employé comme prénom féminin.

Il*<u>h</u>*âm (إِلْهام) : Inspiration, enseignement, transmission ; nom masculin employé comme prénom féminin.

Îmâ*<u>d</u>* (إِيماض) : Eclair, illumination ; regard dérobé, sourire ; nom masculin employé comme prénom féminin.

Îmân (إِيمان) : Accréditer ; foi en Dieu et en Ses prophètes ; se placer sur la droite ; mettre en sécurité ; nom masculin employé comme prénom féminin.

Imdâd (إِمْداد) : Approvisionnement, assistance, secours, sauvetage ; nom masculin employé comme prénom féminin.

Imti<u>th</u>âl (إِمْتِثال) : Obéissance, conformité ; nom masculin employé comme prénom féminin.

In'âm (إِنْعام) : Don, générosité. Grâce, faveur, jouissance ; réflexion. Nom masculin employé comme prénom féminin.

Înâs (إِيناس) : Bienveillance, caresse, flatterie ; qui tient compagnie, familière ; certitude ; nom masculin employé comme prénom féminin.

Injâd (إِنْجاد) : Assistance, aide, secours ; le fait d'entrer dans le Najd.

Insâf (إِنْصاف) : Equité, justice ; nom masculin employé comme prénom féminin.

Insijâm (إِنْسِجام) : Harmonisation, cohérence (d'un discours) ; coulée (de larmes, d'eau, etc.) ; nom masculin employé comme prénom féminin.

Intisâf (إِنْتِصاف) : Le fait de demander justice ; vengeance ; arriver à la moitié, prendre une moitié ; recouvrir son droit en totalité.

Intisâr (إِنْتِصار) : Victoire, vengeance, protection.

Iram (إِرَم) : Signes de piste dans le désert ; borne, point de repère ; la tribu d'Iram, cf. Coran (89, 7).

Ir*gh*âd (إِرْغاد) : Réjouir, rendre heureux, distraire ; nom masculin employé comme prénom féminin.

Isâf (إِساف) (mixte) : Désespoir ; nom d'une des idoles de la période anté-islamique. Si ce nom est tombé en désuétude pour des raisons évidentes, il n'en va pas de même de celui d'une autre idole qui lui était généralement associée (Nâ'ila) et dont la signification est : celle qui obtient.

Îsâr (إيسار) : Enrichissement, qui a de la facilité à accoucher ; nom masculin employé comme prénom féminin.

I*s*fâ' (إصْفاء) : Amitié désintéressée ; nom masculin utilisé comme prénom féminin.

Isrâ' (إسْراء) : Marche nocturne, voyage nocturne ; nom masculin employé comme prénom féminin.

Istibraq (إسْتَبْرَق) : Brocart de velours ou de soie.

Istighfâr (إسْتِغْفار) : Demande de pardon ; bien que masculin, ce nom est employé comme prénom féminin.

Î*th*âr (إيثار) : Préférer autrui à soi-même, abnégation, générosité. Nom masculin utilisé comme prénom féminin.

I'tidâl (إعْتِدال) : Droiture, équilibre, modération ; nom masculin employé comme prénom féminin.

I'tilâf (إئْتِلاف) : Plein accord, consensus. Bien que masculin, on l'utilise comme un prénom féminin.

I'timân (إئْتِمان) : Confiance. Bien que masculin on l'utilise comme prénom féminin.

I'tizâz (إعْتِزاز) : Puissance, honorabilité ; nom masculin employé comme prénom féminin.

Itti*s*âl (إتِّصال) : Lien, trait d'union. Nom masculin utilisé comme prénom féminin.

Izdi*h*âr (إزْدِهار) : Succès, prospérité ; éclat, clarté. Nom masculin employé comme prénom féminin.

Iz*h*âr (إزْهار) : Floraison ; le fait d'allumer un feu.

Umâma (أُمَامَة) : Troupeau de trois cents chameaux.

Umayma (أُمَيْمَة) : Petite mère ; tante du Prophète Muhammad — sur lui la grâce et la paix.

Usayra (أُسَيْرَة): De *asara*, lier, capturer, préserver ? Ex : Usayra bint 'Amr.

Bâ’ باء

Masculin

Bâdî (بادي) : Apparence ; bédouin ; réplique.

Badr (بَدْر) : Pleine lune ; jeune homme mûr ; seigneur. Féminin : Badra.

Badrân (بَدْران) : Empressé, rapide. Duel de Badr.

Badriyy (بَدْريّ) : Pluie qui tombe un peu avant l'hiver ; nom de relation.

Badal (بَدَل) : Noble et généreux ; substitution, suivant, remplaçant.

Badî‘ (بَديع) : Créateur, inventeur ; épais ; incomparable ; l’un des Noms divins : peut s’utiliser comme nom composé, mais non de manière exclusive.

Badîl (بَديل) : Remplaçant, successeur.

Bâdhil (باذل) : Qui a l’esprit d’abnégation ; généreux. Féminin : Bâdhila.

Bahdal (بَهدَل) : Petit de la hyène. Ex : Bahdal al-Tâ’iyy.

Bâ<u>h</u>ir (باهر) : Resplendissant. Féminin : Bâ<u>h</u>ira.

Bahr (بَحْر) : Mer ; unité de métrique en poésie ; liquide stagnant ; village lacustre.

Ba<u>h</u>îj (بَهيج) : Joyeux ; beau. Féminin : Ba<u>h</u>îja.

Ba<u>h</u>iy (بَهِيّ) : Resplendissant, beau. Féminin : Ba*h*iyya).

Ba<u>h</u>lawân (بَهْلَوان) : Habileté à gravir les sommets ; souvent employé comme nom de famille.

Ba<u>h</u>lûl (بَهْلول) : Homme qui rassemble toutes les qualités ; rieur.

Ba<u>h</u>nas (بَهْنَس) : Lion particulièrement gros.

Ba<u>h</u>ram (بَهْرَم) : Henné.

Bajâla (بَجالَة) : De *bajâl* : vénérable ; glorifié ; maître, seigneur majestueux et noble. Egalement Bajalî, nom d'origine.

Bajîl (بَجيل) : Très respectable. Féminin : Bajîla)

Ba'ja (بَعْجَة) : Coup (de lance).

Bakr (بَكْر) : Chamelle ; précocité.

Bakrî (بَكْري) : Qui devance, qui s'empresse.

Bakhtariyy (بَخْتَري) : Celui qui marche en se pavanant : également Bukhtariyy.

Bakkâr (بَكّار) : Précoce ; matinal.

Balâ' (بَلاء) : Epreuve, catastrophe ; faveur ; expérimentation ; force, puissance.

Balîgh (بَليغ) : (plur. Bulaghâ') Eloquent, persuasif ; pubère. Féminin : Balîgha.

Balsam (بلسم) : Baume ; huile balsamique.

Bandar (بَنْدَر) : Ancre de navire ; port ; grande ville ; quartier commercial dans une ville.

Banna<u>h</u> (بَنّه) : Ex : Banna<u>h</u> al-Juhanî, un des compagnons du Prophète — sur lui la grâce et la paix.

Bannâ' (بَنّاء) : Constructeur ; maçon ; architecte. Ex : Hassan al-Bannâ'.

Bâqî (باقي) : Celui qui demeure à jamais ; un des Noms divins : s'emploie comme nom composé : 'Abd al-Bâqî.

Bâqir (باقِر) : Celui qui a un savoir étendu et profond. Nom d'un célèbre Imâm et descendant du Prophète — sur lui la grâce et la paix — : Muhammad al-Bâqir.

Bâri' (بارِع) : Habile ; de grande vertu ; jolie femme. Féminin : Bâri'a.

Bârûdî (بارودي) : Fusillade, explosif ; nom de “généalogie”.

Barâ' (بَراء) (mixte) : Pur. Ex : Al-Barâ' b. 'Âzib, l'un des compagnons du Prophète — sur lui la grâce et la paix.

Barî' (بَريء) : Innocent.

Barâh (بَراح) : Manifestation ; éloquence ; clair ; apparition ; mise au point ; terre aride ; nom propre du soleil.

Barzakh (بَرْزَخ) : Isthme ; lieu de séjour du défunt entre le moment de sa mort et le Jugement Dernier.

Basbas (بَسْبَس)

Bash/shâr (بَشّار) : Annonciateur de bonne nouvelle ; forme intensive de Bashîr.

Bâsil (باسِل) : Courageux ; lion ; renfrogné.

Basîl (بَسيل) : Cf. : Bâsil. Féminin : Basîla.

Bâsim (باسِم) : Qui sourit. Féminin : Bâsima.

Basûl (بَسول) : Courage ; lion.

Bashîr (بَشير) : Annonciateur de bonne nouvelle ; diminutif : Bushayr.

Bashîsh (بَشيش) : Gaieté ; visage ; possession ; nom de généalogie. Ex : Le célèbre soufî Marocain 'Abd al-Salâm b. Bashîsh, orthographié également ibn Mashîsh.

Bassâm (بَسّام) : Qui sourit fréquemment ; intensif de Bâsim.

Batal (بَطَل) : Courageux, champion, héros.

Bayâd (بَياض): Blancheur.

Bayhas (بَيْهَس)

Baydar (بَيْدَر) : Aire où l'on bat le blé ; action d'entasser le blé pour en extraire le grain.

Bâz (باز) : Faucon (Bâzî a le même sens) ; se rencontre fréquemment avec l'article : al-Bâz.

Bilâd (بِلاد) : Pays. Ex : Bilâd b. Nuqta, muhaddith.

Bilâl (بِلال) : Victoire ; eau, boisson ; nom du premier muezzin de l'Islam.

Bishr (بِشْر) : Gaieté ; visage avenant et lumineux.

Bis*t*âm (بِسْطام) : Nom d'une région de l'Iran.

Budûr (بُدور) (mixte) : Empressement, hâte, anticipation ; maturité d'un fruit ; pluriel de Badr.

Budayl (بُدَيْل) : Diminutif de Badîl.

Buhayra (بُحَيْرَة) (mixte) : Lac. Ex : Le moine Buhayra qui reconnut dans le neveu d'abû Tâlib le Prophète annoncé — sur lui la grâce et la paix.

Bujayr (بُجَيْر) : Pansu, ventru.

Bukayr (بُكَيْر) : Diminutif de Bakr.

Bulbul (بُلْبُل) : Rossignol ; col de la carafe. Féminin : Bulbula.

Bûr (بور)

Burayd (بُرَيْد)

Burayda (بُرَيْدَة) (mixte) : Vraisemblablement diminutif de *burda*, manteau.

Bur*h*ân (بُرْهان) : Preuve, argument décisif.

Burma (بُرْمَة) : Marmite. Ex : Burma b. al-Layth.

Busr (بُسْر) : Sévère, renfrogné.

Féminin

Badî<u>h</u>a (بَديهَة) : Surprise, soudaineté, rapidité d'esprit, bon sens.

Badîla (بَديلَة) : Remplaçante. Ex : Badîla bint Muslim.

Bâdiya (بادِيَة) : Désert ; bédouins.

Badrâ (بَدرى) : Pleine lune ; jeune homme mûr ; seigneur. Masculin : Badr.

Badr al-Dujâ (بَدر الدُّجى) : Lune au cœur de la nuit noire.

Bâ<u>*dh*</u>ila (باذِلَة) : Qui a l'esprit d'abnégation, généreux. Masculin : Bâdhil.

Bâ<u>h</u>iya (باهِيَة) : Puits doté d'une grande ouverture ; magnifique.

Bâ<u>h</u>ira (باهِرَة) : Resplendissante. Masculin : Bâ<u>h</u>ir.

Bahriyya (بَحْرِيَّة) : Maritime ; marine.

Bahîra (بَحيرَة) : Chamelle laitière ou chamelle à laquelle les arabes de l'époque préislamique coupaient les oreilles à titre honorifique pour avoir eu cinq petits.

Ba<u>h</u>âr (بَهار) : Beauté ; poivre.

Ba<u>h</u>îja (بَهيجَة) : Joyeuse ; belle. Masculin : Ba<u>h</u>îj.

Ba<u>h</u>îra (بَهيرَة) : Noble, belle, gente dame.

Ba<u>h</u>iyya (بَهِيَّة) : Resplendissante ; belle

Masculin : Ba*h*iy.

Ba<u>h</u>ja (بَهْجَة) : Joie ; bonté ; beauté ; brillance.

Ba<u>h</u>râ' (بَهْراء) : Lumineuse ; supérieure.

Bâ'ina (بائِنَة) : Trousseau de la mariée.

Bajîla (بَجيلَة) : Très respectable ; (masc. Bajîl).

Bakhta (بَخْتَة) : De *bakht* : Chance, bonne fortune.

Balîgha (بَليغَة) : (plur. Bulaghâ') Eloquente, persuasive ; pubère. Masculin : Balîgh.

Banafsaj (بَنَفْسَج) : Violette (fleur) ; nom masculin employé comme nom propre féminin.

Banân (بَنان) : Jardin couvert de fleurs ; doigts ; bout des doigts. Nom masculin employé comme prénom féminin.

Baqîla (بَقيلَة) : Qui produit des plantes et des herbes. Ex : Baqîla, épouse de Samâk al-Jabrî.

Baqîra (بَقيرَة) : Chamelle dont on a ouvert le ventre pour en extraire le fœtus ; enfant né d'une césarienne ; troupeau de bœufs ; chemise rayée. Ex : Baqîra, épouse d'al-Qa'qâ'.

Bâri'a (بارِعَة) : Habile, de grande vertu ; jolie femme. Masc : Bâri'.

Barîra (بَريرَة) : Pieuse ; vertueuse.

Bâriza (بارِزَة) : Eminente, distinguée.

Barra (بَرَّة) : Obéissance, soumission.

Barâ' (بَراء) (mixte) : Pure.

Barâ'a (بَراءَة) : Exempte de vices, de défauts ; le fait d'éviter de s'endetter et de pécher ; brevet ; licence.

Barâ'a (بَراعَة) : Eloquence, habileté.

Baraka (بَرَكَة) : Bonheur, développement, augmentation, bénédiction (plur. : Barakât).

Barî'a (بَريئَة) : Innocente.

Barî'a (بَريعَة) : Habile. Ex : Barî'a bint abî Hâritha.

Barza (بَرْزَة) : Excroissance, protubérance. Ex : Barza bint al-Hârith al-*Hilâliyya*.

Bashâsha (بَشَاشَة) : Sourire, aisance.

Bashûsh (بَشوش) : Souriante.

Bâsima (باسِمَة) : Souriante. Masculin : Bâsim.

Basîra (بَصيرَة) : Intelligente ; qui a une bonne vue.

Basma (بَسْمَة) : Sourire.

Bashâra (بَشارَة) : La bonté, la beauté.

Bashîra (بَشيرَة) : Annonciatrice de bonne nouvelle. Ex : Bashîra bint Thâbit.

Batûl (بَتول) : Vierge ; célibataire ; nom donné à la Vierge Marie.

Bayân (بَيان) : Eclaircissement, preuve, argument, éloquence.

Baydâ' (بَيْداء) : Désert. Pluriel : Biyd.

Baydâ' (بَيْضَاء) : Blanche. Ex : Al-Baydâ' al-Fihriyya.

Baylasân (بَيْلَسَان) : Variété d'arbre.

Bayyina (بَيِّنَة) : Preuve irréfutable, signe.

Bâzikha (بَازِخَة) : Qui se pavane, qui marche avec arrogance.

Bilqîs (بِلْقِيس) : Nom de l'épouse du prophète Sulaymân (Salomon) dans le Coran.

Birra (برة) : Bien, vertu, obéissance, don, sincérité, justice.

Bishrâ (بِشْرى) : Même sens que Bushrâ.

Budûr (بُدور) (mixte) : Empressement, hâte, anticipation, maturité d'un fruit, pluriel de Badr.

Bughya (بُغْيَة) : But, espoir, objectif.

Buhayna (بُحَيْنَة) : Ex : Buhayna bint al-Hârith.

Buhayra (بُحَيْرَة) (mixte) : Lac.

Bujayda (بُجَيْدَة) : Diminutif de Bajda, terre ; désert ; racine ; fond (du problème).

Bulbula (بُلْبُلَة) : Rossignol ; col de carafe. Masculin : Bulbul.

Burayda (بُرَيْدَة) (mixte) : Ex : Burayda bint Bishr b. al-Hârith.

Burû' (بُروع) : Habileté, ingéniosité, brio. Ex : Burû' bint Wâshiq.

Busra (بُسْرَة) : Datte (sur le point de mûrir) ; germe ; soleil levant ; verroterie.

Bu<u>sh</u>râ (بُشْرى) : Bonne nouvelle.

Buthayna (بُثَيْنَة) : Femme à la peau douce ; terre meuble. Ex : Jamîl et Buthayna dans la littérature arabe.

Tâ’ تاء

Masculin

Tâ’ib (تائب) : Repentant

Tabbân (تَبّان) (al) : Marchand de paille ; façadier. Ex : Ishâq b. al-Tabbân.

Tabûk (تَبوك) : Ex : Tabûk b. Ahmad.

Tafakkurî (تَفَكُّري) : De *tafakkur*, pensée, méditation. Ex : Al-Hassan al-Tafakkurî.

Tag<u>h</u>lab (تَغْلَب) : Mot qui signifie : Elle vainc ; nom d’une tribu arabe.

Tâj (تاج) : Couronne.

Talibbu (تَلِبُّ) (al) : Ex : al-Talibbu b. Tha‘laba, l’un des compagnons du Prophète — sur lui la grâce et la paix.

Tâlid (تالد) : Gloire antique. Féminin : Tâlida.

Talîd (تَليد) : Intensif de Tâlid. Ex : Talîd b. Sulaymân. Féminin : Talîda.

Tamâm (تَمام) : Perfection ; plénitude.

Tamîm (تَميم) : Bien formé, puissant.

Tâmir (تامِر) : Celui qui possède des dattiers ou qui les greffe.

Tammâm (تَمّام) : Forme intensive de Tamâm. Ex : Abû Tammâm Habîb b. Aws.

Tammâr (تَمّار) : Négociant en dattes.

Taqiyy (تَقيّ) : Qui est doué d'une crainte pieuse ; souvent employé comme composé : Taqiyy al-Dîn.

Tawba (تَوْبَة) (mixte) : Repentir ; nom féminin employé comme prénom masculin.

Tawfîq (تَوْفيق) : Réussite, concordance. Féminin : Tawfîqa.

Tawma (تَوْمَة) : Génie, d'une intelligence exceptionnelle.

Tawwâb (تَوّاب) : Appliqué à Dieu, ce mot signifie Celui qui accorde Son repentir, et fait donc partie des Noms divins ; appliqué au serviteur, il signifie : repentant, qui revient après s'être détourné.

Tay_h_ân (تَيْهان) : Hésitant ; perplexe. Ex : Mâlik b. al-Tay_h_ân, l'un des compagnons du Prophète — sur lui la grâce et la paix.

Taym (تَيْم) : Esclave, serviteur ; personne à laquelle la passion a fait perdre la raison ; tribu arabe.

Taymiyya (تَيْمِيَّة) : De la tribu de Taym.

Taysîr (تَيْسير) : Facilité.

Tazîd (تَزيد) : “Tu augmentes”.

Tilmî<u>dh</u> (تِلْميذ) : Elève ; disciple. Ex : <u>S</u>â‘id b. al-Tilmî<u>dh</u>.

Tirmi<u>dh</u>î (ترْمِذي) : De la région de Tirmi<u>dh</u>. Ex : Al-Hâkim al-Tirmi<u>dh</u>î.

Timsâh (تِمْساح) : Crocodile ; (Timsah a le même sens).

Tubay‘ (تُبَيْع) : Ex : Tubay‘ b. ‘Âmir al-Kilâ‘î.

Tubba‘ (تُبَّع) : (plur. Tabâbi‘a) Ancienne dynastie yémenite. La tribu de Tubba‘ est fustigée dans le Coran ; reine des abeilles.

Tuhfa (تُحْفَة) (mixte) : Chef d'œuvre. Objet précieux, cadeau.

Turâb (تُراب) : Terre. Ex : Turâb b. ‘Umar al-Ma<u>s</u>rî.

Turâbî (تُرابي) : Nom de relation de Turâb : de terre, en terre.

Turjumân (تُرْجُمان) : Traducteur, commentateur (Tarjumân a le même sens). Plutôt employé comme nom de famille.

Féminin

Ta*d*âmun (تَضامُن) : Solidarité ; nom masculin employé comme prénom féminin.

Taghrîd (تغرّيد) : Chant d'oiseaux, chant, gazoullis.

Tahânî (تهانى) : Compliments ; félicitations.

Tahiyya (تَحيّة) : Salutation, exempte de défauts, permanence.

Ta*h*na'a (تَهْنَأَة) : Vraisemblablement synonyme de Ta*h*ni'a, félicitations, compliments. Ex : Ta*h*na'a bint Kulayb.

Tâlida (تالدَة) : Gloire antique. Masculin : Tâlid.

Talîda (تَليدَة) : Intensif de Tâlida. Masculin : Talîd. Ex : Talîd b. Sulaymân.

Tamâ*d*ar (تَماضَر) : Ex : Tamâ*d*ar bint 'Amr.

Tamâra (تَمارَة)

Tamîma (تَميمَة) : Amulette. Ex : Tamîma bint Wa*h*b.

Taqiyya (تَقيّة) : Pieuse.

Taqwâ (تَقْوى) : Crainte pieuse.

Tasnîm (تَسْنيم) : Source d'eau au Para.dis

Taw'ama (تَوْأَمَة) : Vraisemblablement sœur jumelle. Ex : Taw'ama bint Umayya.

Tawba (تَوْبَة) (mixte) : Repentir.

Tawla (تَوْلَة) : Grain de beauté, verrue.

Tilâl (تِلال) : Collines, pluriel de *talla.*

Tîmâ' (تيماء) : Refuge ; désert mortel.

Tuhfa (تُحْفَة) (mixte) : Chef d'œuvre. Objet précieux, cadeau.

Tuklân (تُكلان) : Confiance [en Dieu] ; nom masculin employé comme prénom féminin.

Tuqâ (تُقى) : Crainte de Dieu.

Tuqât (تُقاة) : Crainte de Dieu doublée de rectitude.

Tuwayla (تُوَيْلَة) : Vraisemblablement diminutif de Tawla. Ex : Tuwayla bint Aslam.

Thâ’ ثاء

Masculin

Thabbât (ثَبّات) : Intensif de Thâbit. Ex : Thabbât b. Maymûn.

Thâbit (ثابِت) : Persévérant, enraciné, inébranlable. Féminin : Thâbita.

Thabt (ثَبْت) : Résolu, réfléchi, pondéré, modéré.

Thaghâm (ثَغام) : Zédoaire (plante vermifuge à fleurs et fruits blancs).

Thâ’ib (ثائِب) : Vent violent accompagné d’un début de pluie ; qui retourne à Dieu ; repentant ; convalescent ; richesse.

Thâ’ir (ثائِر) : Rebelle ; furieux, colère ; rancunier.

Tha‘lab (ثَعْلَب) : Renard ; hampe ; débordement.

Tha‘laba (ثَعْلَبَة) : Renard femelle.

Thamâma (ثَمامَة) : Ex : Thamâma b. Hazn l’un des Tâbi‘în ; il rencontra ‘Umar et ‘Alî.

Thamîn (ثَمين) : Précieux. Féminin : Thamîna.

Thâqib (ثاقِب) : Perspicace. Féminin : Thâqiba.

Thaqîf (ثَقيف) : Très habile ; vinaigre très acide ; nom d'une tribu Arabe.

Thawâb (ثَواب) : Mérite, récompense. Ex : Thawâb b. 'Utba.

Thawbân (ثَوْبان) : Repentir ; convalescence ; enrichissement.

Thawr (ثَوْر) : Taureau. Ex : Thawr b. Zayd al-Daylî.

Thuwayr (ثُوَيْر) : Diminutif de Thawr.

Féminin

Thabât (ثَبات) : Courage, fermeté.

Thâbita (ثابِتَة) : Etoile fixe ; résolue ; constante. Féminin de Thâbit.

Thamîna (ثَمينَة) : Précieuse. Masculin : Thamîn.

Thamra (ثَمْرَة) : Fruit.

Thamûd (ثَمود) : Nom d'une ancienne tribu arabe mentionnée dans le Coran.

Thanâ' (ثَناء) : Louange.

Thanâya (ثَنايا) : Pluriel de *thaniyya*, colline.

Thaniyya (ثَنِيَّة) : Col, défilé, colline.

Thâqiba (ثاقِبَة) : Perspicace. Masculin : Thâqib.

Tharâ' (ثَراء) : Abondance, richesse ; bonheur qui en résulte.

Thariyya (ثَرِيَّة) : Riche.

Thawra (ثَوْرَة) : Déchaînement, révolution, jaillissement.

Thubâ (ثُباء) : Trône ; assemblée suprême.

Thurayyâ (ثُرَيَّا) : Constellation (pléïades), lustre.

Thuwayba (ثُوَيْبَة) : Diminutif de *thawba*, récompense, rétribution. Nom de l'une des nourrices du Prophète — sur lui la grâce et la paix.

Jîm
جيم

Masculin

Jabâbira (جَبابِرَة) : Pluriel de *Jabbâr*, puissant, contraignant, tyran. Ex : Jabâbira b. al-Mughallis.

Jabal (جَبَل) : Montagne. Ex : Mu'âdh b. Jabal.

Jabala (جَبَلَة) : Peau ; physionomie ; traits. Ex : Jabala b. Ay*h*am al-Ghassânî.

Jâbân (جابان) : Ecrit Jabân, ce mot signifie : craintif, poltron.

Jabbâr (جَبّار) : Le Contraignant ; l'un des Noms divins. S'emploie comme nom composé : Ex : 'Abd al-Jabbâr.

Jabr (جَبْر) : Contrainte ; pansement. Ex : Jabr b. 'Âtîk.

Jâbir (جابِر) : Rebouteux, réconfort, pain.

Jâbî (جابي) : Percepteur, sauterelle.

Ja'd (جَعْد) : Frisé. Ex : Ja'd b. Dînâr ; sous sa forme féminine il est mixte et donc employé également comme prénom masculin. Ex : Ja'da b.

Khâlid, l'un des compagnons du Prophète — sur lui la grâce et la paix.

Jâd (جاد) : Bien ; abondant (pluie) ; généreux.

Jâdd (جادّ) : Sérieux, pondéré.

Jâhiz (جاحظ) : Qui a les yeux globuleux.

Ja*h*m (جَهْم) : Austère, morose, rébarbatif, renfrogné, sévère. Ex : Ja*h*m b. al-Jârûd.

Ja*h*/*d*am (جَهْضَم) : Lion ; de forte taille ; au visage rond. Ex : Ja*h* *d*am b. 'Abd-Allah.

Ja*h*ja*h* (جَهْجَه) : Cri de guerre.

Jahsh (جَحْش) : Mulet ; l'animal était apprécié des Arabes pour son endurance. Ex : Zaynab fille de Jahsh, épouse du Prophète — sur lui la grâce et la paix.

Ja*h*ûr (جَهور) : Elevé, haut, aigu, fort, puissant.

Jalâl (جَلال) : Majesté ; splendeur. Ex : Jalâl al-Dîn al-Rûmî.

Jalâla (جَلالَة) : Majesté, splendeur.

Jalîl (جَليل) : Magnifique, splendide, sublime, vénérable ; al-Jalîl est l'un des Noms divins. Il s'emploie comme nom composé : 'Abd al-Jalîl.

Jallâ' (جَلّاء) : Polisseur. Ex : Yahyâ' b. al-Jallâ'.

Jallâb (جَلّاب) : Attrayant, captivant, séduisant. Ex : 'Ubayd Allah al-Jallâb.

Jamal (جَمَل) : Chameau ; beau, corde grossière d'un bateau. Ex : 'Alî al-Jamal.

Jamâl (جَمال) : Beauté, charme, grâce.

Jâmi‘ (جامِع) : Qui rassemble ; mosquée. Ex : Jâmi‘ b. Bakkâr.

Jamîl (جَميل) : Beau, bienfait. Féminin : Jamîla.

Jammâl (جَمّال) : Chamelier. Ex : Ibrâ*h*îm al-Jammâl.

Jamra (mixte) (جَمْرَة) : Braise : Ex : ‘Abd al-Malik b. abî Jamra.

Jandal (جَنْدَل) : Enorme rocher.

Jandala (جَنْدَلَة) : Coup violent qui vous assomme, épilepsie, chute.

Jandara (جَنْدَرَة) : Ex : Jandara b. Khayshana, compagnon établi à Damas.

Jansh (جَنْش) : Aube, aurore, point du jour.

Jâsir (جاسِر) : Audacieux.

Jâsim (جاسِم) : Corpulent.

Jar*h*ad (جَرْهَد) : Ex : Jar*h*ad al-Aslamî, l'un des compagnons.

Jarîr (جَرير) : Bride, licou. Ex : Muhammad b. Jarîr al-Tabarî.

Jarrâh (جَرّاح) : Qui blesse, d'où : chirurgien. Ex : Al-Jarrâh b. ‘Abd-Allah al-Hakamî.

Jarwân (جَرْوان) : Chiot, lionceau.

Jâriya (جارِيَة) : Jeune fille, servante, esclave.
Nom feminin employé comme prénom masculin. Ex : Jâriya b. Qudâma, l'un des compagnons.

Jârûd (جارود) : Ex: Jârûd b. abî Sabra.

Jassâr (جَسّار) : Courageux.

Jassâs (جَسّاس) : Qui a bonne vue ; espion.

Ja<u>ss</u>â<u>s</u> (جَصّاص) : Plâtrier.

Jawâd (جَواد) : Généreux, libéral ; personnalité marquante.

Jawd (جَوْد) : Générosité, ondée.

Jawda (جَوْدَة) : Comportement généreux ; feminin employé comme prénom masculin.

Jawdân (جَوْدان)

Jawn (جَوْن) : Blanc, rouge ; lumière, jour ; noir.
Ex : Jawn b. Qatâda, le fils d'un des compagnons du Prophète — sur lui la grâce et la paix.

Jawwâb (جَوّاب) : Qui répond. Ex : Jawwâb b. 'Ubayd-Allah.

Jawwâd (جَوّاد) : Généreux, libéral ; l'un des Noms divins.

Jawzî (al) (جَوْزي) : Probablement de *jawz*, noix.
Ex : Ibn al-Jawzî.

Jayyâ<u>sh</u> (جَيّاش) : Excité ; furieux. Ex : Jayyâ<u>sh</u> b. Najâh.

Jibbîr (جِبّير) : Fier.

Ji*h*âd (جِهاد) (mixte) : Effort violent ; nom féminin surtout employé comme prénom masculin, mais il s'emploie aussi pour les femmes.

Ju'ayd (جُعَيْد) : Diminutif de Ja'd.

Jubayr (جُبَيْر) : Diminutif de Jâbir.

Jûd (جود) (mixte) : Générosité, largesse, libéralité, pluie.

Jûda (جودَة) : Qualité, excellence, perfection, supériorité.

Ju*h*ayna (جُهَيْنَة) (mixte) : Proximité ; nom d'une tribu arabe.

Ju*h*mân (جُهْمان) : Cf. Ja*h*m. Ex : Ju*h*mân al-Aslamî.

Julâh (جُلاح) : Signifie peut-être dégarni. Ex : Julâh al-Masrî.

Julâs (جُلاس) : Ex : Julâs b. 'Amr.

Jumu'a (جُمُعَة) : Vendredi (jour de la prière en commun), conciliation.

Jumân (جُمان) (mixte) : Perle.

Jumay' (جُمَيْع) : Diminutif de Jam', réunion, groupement.

Jûn (جون) : Golfe.

Junâda (جُنادَة) : Ex : Junâda al-Uzdî.

Junayd (جُنَيْد) : Diminutif de Jund : petit soldat.

Jundab (جُنْدَب) : Criquet. Ex : Jundab b. 'Abd-Allah al-Bajalî, l'un des compagnons.

Jundî (جُنْدي) : Soldat. Ex : Muhammad b. al-Jundî.

Junna (جُنَّة) : Protection, bouclier, arme défensive.

Juray (جُرَيْ) : Diminutif de Jarw, petit chien. Ex : Juray b. Kulayb, l'un des compagnons.

Jurayj (جُرَيْج) : Ex : 'Abd al-'Azîz b. Jurayj.

Jur*h*um (جُرْهُم) : Sérieux ; nom d'une tribu arabe.

Ju'shum (جُعْشُم) : Nom d'une tribu arabe.

Ju'thul (جُعْثُل) : Ju'thul b. *H*â'ân.

Juwayriya (جُوَيْرِيَّة) (mixte) : Diminutif de Jûrî, rose d'un rouge vif. Ex : Juwayriya b. Asmâ'.

Féminin

Jâbiya (جابِيَة) : Réservoir, rassemblement.

Ja'da (جَعْدَة) : Frisée. Ex : Ja'da bint 'Ubayda.

Jadwâ (جَدْوى) : Utilité, profit, don.

Ja<u>h</u>îda (جَهيدَة) : Prairie.

Jalâ (جَلا) : Clarification, évidence, limpidité ; exil. Nom masculin employé pour les femmes.

Jalîla (جَليلَة) : Majestueuse. Ex : Jalîla bint 'abd al-Jalîl.

Jamîla (جَميلَة) : Belle ; bienfait. Masculin : Jamîl.

Jamra (جَمْرَة) (mixte) : Braise. Ex : Jamra bint al-Hârith al-Tamîmiyya.

Janân (جَنان) : Coeur ; esprit ; secret. Nom masculin employé comme prénom féminin.

Janna (جَنَّة) : Paradis, jardin fleuri ; Plur. : Jinân.

Jarbâ' (جَرْباء) : Galeuse (brebis) ; pelée (terre). Ex : Al-Jarbâ' bint Qasâma.

Jarî'a (جَريئَة) : Courageuse.

Jaw<u>h</u>ar (جَوْهَر) : Pierre précieuse ; également Jaw<u>h</u>ara.

Jaydâ (جَيْدى) : De grande taille.

Ji*h*âd (جهاد) (mixte) : Effort violent ; nom féminin surtout employé comme prénom masculin ; cependant, il s'emploie aussi pour les femmes.

Jûd (جود) (mixte) : Générosité, largesse, libéralité, pluie.

Judâma (جُدَامَة) : De petitte taille. Ex : Judâma bint Wa*h*b al-Asadiyya.

Ju*h*ayna (جُهَيْنَة) (mixte) : Proximité ; nom d'une tribu arabe. Nom d'une femme de la période anté-islamique réputée pour sopn excellente vue.

Jullanâr (جُلَّنار) : Fleur de grenade. Nom masculin employé comme prénom féminin.

Jumân (جُمان) (mixte) : Perle.

Jumâna (جُمانَة) : Même sens que Jumân. Ex : Jumâna bint abî *T*âlib.

Juml (جُمْل) : Vraisemblablement : groupe, ensemble, de *jamala* : assembler, réunir. Ex : Juml bint Yasâr.

Junayna (جُنَيْنَة) : Petit jardin.

Junna (جُنَّة) : Protection, bouclier, arme défensive.

Juwayriya (جُوَيْرِيَّة) (mixte) : Diminutif de Jûrî, rose d'un rouge vif. Ex : Juwayriyya bint abî Sufyân.

Hâ’ حاء

Masculin

Habbâl (حَبّال) : Fabricant ou marchand de cordes. Ex : Ibrâhîm b. Sa‘îd al-Habbâl.

Habbân et **Hibbân** (حَبّان، حِبّان) : Bien-aimé. Ibn Hibbân était un traditionniste célèbre.

Habba (حَبَّة) : Graine. Ex : Habba b. Khâlid al-Usdî, l’un des compagnons du Prophète — sur lui la grâce et la paix.

Habîb (حَبيب) : Bien-aimé. Féminin : Habîba. On trouve aussi la forme Habîbî.

Hâbis (حابِس) : Qui retient, qui emprisonne ; qui se contient. Ex : Hâbis b. Sa‘d.

Haddâd (حَدّاد) : Forgeron. Ex : Al-Hasan b. Ahmad al-Haddâd.

Hâdhiq (حاذق) : Intelligent, habile.

Hadrad (حَدْرَد)

Hafada (حَفَدَة) : Pluriel de hafîd, descendant. Ex : Muhammad b. Sa‘d Hafada.

Haffâr (حَفّار) : Fossoyeur. *H*ilâl b. Muhammad al-Haffâr.

Hafîd (حَفيد) : Descendant. Ex : Hafîd al-Bay*h*aqî.

Hâfiz (حافِظ) : Gardien, protecteur ; l'un des Noms divins. Peut s'employer comme nom composé : 'Abd al-Hâfiz.

Hafîz (حَفيظ) : Gardien, protégé, fiable. Féminin : Hafîza.

Hafs (حَفْص) : Lionceau ; petite maison. Féminin : Hafsa.

Hajar (حَجَر) : Pierre. Ex : Le célèbre traditionniste ibn Hajar.

Hâjib (حاجِب) : Chambellan. Ex : Hâjib b. Umar al-Thaqafî.

Hajjâj (حَجّاج) : Qui dispute, qui avance des arguments.

Hajjâm (حَجّام) : Qui pose des ventouses ; qui fait des saignées. Ex : Masrûr b. al-Hajjâm.

Hakam (حَكَم) : Juge, équitable, arbitre.

Hakîm (حَكيم) : Savant, sage ; l'un des Noms divins. S'emploie souvent comme nom composé : 'Abd al-Hakîm. Ex : Hakîm b. Hizâm, cousin de Khadîja, première épouse du Prophète — sur lui la grâce et la paix .

Halîm (حليم) : Sage, longanime ; s'emploie comme nom composé : 'Abd al-Halîm. Féminin : Halîma. Ex : Halîma al-Sa'diyya nourrice du Prophète — sur lui la grâce et la paix .

Hallâj (حَلّاج) : Cardeur. Ex : Al-Hussayn b. Mansûr al-Hallâj.

Hamadân (حَمَدان) : Vraisemblablement même sens que Hamâd. Ex : Hamadân al-Sulamî.

Hamal (حَمَل) : Agneau. Ex : Hamal b. Bashîr.

Hamdiyya (حَمْدِيَّة) : Même sens que Hâmid.

Hamîd (حَمِيد) : Méritoire, louable. Ex : Hamîd b. al-Aswad. Féminin : Hamîda.

Hâmid (حامد) : Qui loue Dieu avec constance.

Hâmi*d* (حامِض) : Acide. Ex : Muhammad al-Hâmi*d*.

Hammâd (حَمّاد) : Forme intensive de Hâmid.

Hammâda (حَمّادَة) : Même sens que Hammâd ; également Hamâd.

Hammân (حَمّان) : Ex : Hammân al-*H*unâ'î.

Hamdûn (حَمْدون) : Même sens que Hâmid. Ex : Hamdûn b. 'Umâra.

Hamza (حَمْزَة) : Lion. De forme féminine, ce mot employé comme prénom masculin. Ex : Hamza, l'oncle du Prophète — sur lui la grâce et la paix.

Hanân (حَنان) (mixte) : Miséricorde, compassion, sentiment, bénédiction ; subsistance, respectabilité ; nom masculin employé pour les femmes.

Hanash (حَنَش) : Serpent. Ex : Hanash b. al-Hârith.

Hanbal (حَنْبَل) : Mer ; fourrure. Ex : Ahmad b. Hanbal.

Hanîf (حَنيف) : Désintéressé, pur, vertueux ; on trouve également Hanîfa qui est mixte.

Hanzala (حَنْظَلَة) (mixte) : Coloquinte. Nom de l'un des compagnons du Prophète — sur lui la grâce et la paix.

Haqqî (حَقّي) : Savant ; très hospitalier.

Harâm (حَرام) : Sacré ; interdit. Ex : Harâm b. Sâ'ida.

Harb (حَرْب) : Guerre ; courage. On trouve également la forme Harbî (al).

Harîriyy (ou Harîrî) (حَريري) : Fabriquant ou marchand de soie.

Hârith (حارث) : Lion ; laboureur. On trouve également : Hâritha. Ex : Hâritha b. Wa*h*b, compagnon du Prophète — sur lui la grâce et la paix.

Harîth (حَريث) : Forme intensive de Hârith.

Harîsh (حَريش) : Mille-pattes ; licorne ; rhinocéros. Ex : Harîsh b. al-Khirrît.

Harîz (حَريز) : Fortifié, bien gardé, inexpugnable.

Harmala (حَرْمَلَة) : Plante laiteuse dont le suc est employé contre la gale. Ex : Harmala b. 'Abd-Allah al-Tamîmî, compagnon de l'Envoyé de Dieu — sur lui la grâce et la paix.

Harshaf (حَرْشَف) : Ecaille, squame. Ex : Harshaf b. Harshaf.

Hasan (حَسَن) : Beau, bon, vertueux. Nom de l'un des deux petit-fils du Prophète — sur lui la grâce et la paix.

Hashraj (حَشْرَج) : Râle (d'agonie). Ex: Hashraj b. Zyâd al-Ashja'î.

Hâsib (al) (حاسِب): Qui fait des comptes. Ex : Ismâ'îl b. Mûsâ al-Hâsib.

Hassân (حَسّان) : Forme intensive de Hasan. Ex : Hassân b. al-Thâbit.

Hassûn (حَسّون) : Chardonneret.

Hâtib (حاطِب) : Qui ramasse du bois.

Hâtim (حاتِم) : Juge. Ex : Hâtim al-*T*â'î . Féminin : Hâtima.

Hattâb (حَطّاب) : Qui ramasse ou qui vend du bois.

Hawshab (حَوْشَب)

Haydar (حَيْدَر) : Lion.

Hayy (حَيّ) : Vivant. Ex : Hayy b. Yu'min al-Masrî. Hayy est l'un des Noms divins.

Hayya (mixte) (حَيَّة) : Serpent, vivante ; Hayya b. Hâbis.

Hayyân (حَيّان) : Ex : L'alchimiste Jâbir b. Hayyân.

Hazm (حَزْم) : Emballage, empaquetage ; fermeté, résolution. Ex : Le célèbre juriste et poète andalou ibn Hazm.

Hâzim (حازم) : Volontaire, décidé. Féminin : Hâzima.

Hazn (حَزْن) : Aride, élevé ; dur.

Hi*dh*âm (حذام) : Lent, paresseux.

Hi*dh*yam (حذيَم) : Ex : Hi*dh*yam al-Sa'dî.

Himyarî (حِميَري) : De la tribu de Himyar au Yémen.

Hisîn (حِسين) : Très vertueux.

Hi*s*n (حِصْن) : Forteresse, muraille, rempart.

Hizâm (حِزام) : Ceinture, courroie, bandage. Ex : Hizâm b. Hakîm b. Hizâm.

Hubaysh (حُبَيْش) : Diminutif de Hubshî.

Hubshî (حُبْشي) : Ex : Hubshî b. Junâda.

Hudayj (حُدَيْج) : Diminutif de Hadaj, coloquinte.

Hudayr (حُدَيْر) : Diminutif de *hadr* : Abaisser, faire descendre.

Hu*dh*âfa (حُذافَة) : Tronqué, qui mange peu.

Hu*dh*ayfa (حُذَيْفَة) : Diminutif de Hudhâfa. Ex : Hu*dh*ayfa b. al-Yamân l'un des plus célèbres compagnons de l'Envoyé de Dieu — sur lui la grâce et la paix.

Hujayya (حُجَيَّة)

Hujayn (حُجَيْن) : Diminutif de *hajn*, recourbé en forme de crochet.

Hujr (حُجْر) : Gîte, terrier. Ex : Hujr al-'Adawî.

Hujayr (حُجَيْر) : Diminutif de Hujr.

Humrân (حُمْران) : Ex : Humrân b. Abân.

Hunayn (حُنَيْن) : Selon les anciens arabes, diminutif de Hinn qui serait le nom d'une tribu de Djinns.

Hurayth (حُرَيْث) : Diminutif de Hârith.

Hurr (حُرّ) : Libre. Ex : Al-Hurr b. Qays, l'un des compagnons du Prophète — sur lui la grâce et la paix.

Husâm (حُسام) : Epée aiguisée.

Husân (حُسان) : Bienveillant.

Husayn (حُصَيْن) : Diminutif de Hisn.

Husayn (حُسَين) : Diminutif de Hasan ; l'un des deux petit-fils du Prophète — sur lui la grâce et la paix .

Hutay'a (حُطَيْئة) : Petit, laid ; surnom.

Huwaytib (حُوَيْطب) : Diminutif de Hâtib.

Huway (حُوَي) : Ex : Huway Abû 'Ubayd.

Huyay (حُيَي) : Diminutif de Hayiyy, pudique.

Féminin

Habîba (حَبيبة) : Bien-aimée. Masculin : Habîb.

Hafîza (حَفيظة) : Gardienne, protégée, fiable. Masculin : Hâfiz.

Hafsa (حَفْصة) : Lionne ; petite maison. Masculin : Hafs.

Halîma (حَليمة) : Sage, longanime. Ex : Halîma al-Sa'diyya nourrice du Prophète — sur lui la grâce et la paix. Masculin : Halîm, s'emploie comme nom composé : 'Abd al-Halîm.

Hamîda (حَميدة) : Méritoire, louable. Masculin : Hamîd.

Hamna (حَمْنَة) : Peut-être variété de raisin. Ex : Hamna bint Jahsh.

Hamsâ' (حَمْساء) : Courageuse.

Hanân (حَنان) (mixte) : Miséricorde, compassion, sentiment, bénédiction ; subsistance, respectabilité ; nom masculin employé également pour les femmes.

Hanîfa (حَنيفَة) : Désintéressée, pure, vertueuse.

Hanîn (حَنين) : Affection ; désir ; soupir.

Hanzala (mixte) (حَنْظَلَة) : Coloquinte.

Hâsiba (حاسِبَة) : Qui fait son examen de conscience.

Hasîba (حَسيبَة) : Noblesse, origine.

Hasnâ' (حَصْنَاء) : Chaste, vertueuse ; même sens : Hâsina.

Hâtima (حاتِمَة) : Juge. Masculin : Hâtim.

Hawwâ' (حَوَّاء) : Vivante ; Eve, mère de l'humanité ; charmeur de serpents.

Hayât (mixte) (حَيَاة) : Vie.

Hayya (mixte) (حَيَّة) : Serpent, vivante.

Hâzima (حازِمَة) : Volontaire, décidée. Masculin : Hâzim.

Humayda (حُمَيْدَة) : Féminin de Humayd.

Hûriyya (حورِيَّة) : Belle femme, femme paradisiaque (Houri).

Hurriyya (حُرِّيَّة) : Liberté.

Husnâ (حُسْنَاء) : Douceur, bienveillance, heureuse issue ; victoire, martyre.

Khâ'
خاء

Masculin

Khabbâb (خَبّاب) : Traître.

Khaddâm (خَدّام) : Serviteur.

Khaddâsh (خَدّاش) : Qui griffe, qui égratigne. Ex : Khaddâsh b. 'Ayyâsh.

Khadîj (خَديج) : Avorton. Ex : Khadîj Abû Râfi'.

Khalaf (خَلَف) : Descendance, ayant droit.

Khaldûn (خَلْدون) : Même sens que Khâlid.

Khâlid (خالِد) : Qui demeure, qui perdure ; qui n'a pas de fin.

Khalîd (خَليد) : Intensif de Khâlid.

Khalîfa (خَليفَة) : Lieutenant, successeur. Ex : Khalîfa b. Khayyât al-Masrî.

Khalîl (خَليل) : Ami. Féminin : Khalîla.

Khall (خَلّ) : Vinaigre.

Khallâd (خَلّاد) : Forme intensive de Khâlid.

Khallâl (خَلّال) : Vinaigrier.

Khamîs (خَميس) : Cinquième ; armée ; le Jeudi.

Kharasha (خَرَشَة) : Nom qui signifie : *Il égratigne.* Ex : Kharasha b. al-Hurr al-Fuzârî.

Khârija (خارِجَة) : Celle qui sort ; de forme féminine, ce nom est employé pour les hommes. Ex : Khârija b. Zayd.

Kharrâz (خَرّاز) : Savetier. Ex : Abû Sa'îd al-Kharrâz.

Khassâf (al) (خَصّاف) : Savetier ; menteur. Ex : Ahmad b. 'Amr al-Khassâf.

Khash/shâb (خَشّاب) : Marchand de bois. Ex : 'Abd Allah b. Ahmad al-Khash/shâb.

Khashf (خَشْف) : Craquement de la neige sous les pas. Ex : Khashf b. Mâlik.

Khashkhâsh (خَشْخاش) : Pavot blanc. Ex : Khashkhâsh b. abî al-Hurr, l'un des compagnons du Prophète — sur lui la grâce et la paix.

Khasîb (خَصيب) : Fertile, fécond, riche, abondant. Ex : Khasîb b. Zayd.

Khath'am (خَثْعَم) : Lion.

Khatîb (خَطيب) : Prédicateur ; généralement employé comme nom de famille.

Khattâb (خَطّاب) : Intensif de Khâtib, prédicateur.

Khawât (خَوات) : Ex : Khawât b. Jubayr, l'un des compagnons du Prophète — sur lui la grâce et la paix.

Khawla (mixte) (خَوْلَة) : Gazelle.

Khayr (خَيْر) : Le bien ; s'emploie parfois composé. Ex : Khayr al-Dîn, Khayr Allah. On trouve également la forme Khayrûn qui en est le pluriel et Khayrân qui en est le duel.

Khayrî (خَيْري) : De bien. Féminin : Khayriyya.

Khay<u>th</u>ama (خَيْثَمَة) : Ex : Zu<u>h</u>ayr b. Harb, abû Khay<u>th</u>ama.

Khayyâm (خَيّام) : Nomade ; qui habite sous une tente. Ex : 'Umar b. Khayyâm.

Khayyâ<u>t</u> (خَيّاط) : Tailleur, couturier.

Khazâm (خَزام)

Khâzim (خازِم)

<u>Kh</u>âzin (al) (خازِن) : Gardien. Ex : Al-Hârith b. 'Abd Allah al-<u>Kh</u>âzin.

Khazraj (خَزْرَج) : Nom d'une des deux tribus médinoises qui accueillirent le Prophète — sur lui la grâce et la paix — lors de l'Hégire.

Khi<u>d</u>r (خِضْر) : Vert ; vivant.

Khiyâr (خِيار) : Concombre. Ex : Khiyâr abû Zyâd.

Khilâs (خِلاس) : Métis, sang-mêlé.

Khubayb (خُبَيْب) (mixte)

Khu<u>*da*</u>rî (خُضَري) : Marchand de légumes. Ex : Muhammad b. Ahmad al-Khu<u>*da*</u>rî.

Khufâf (خُفاف) : Ex : Khufâf b. Îmâ'.

Khumayl (خُمَيْل) : Diminutif de *Khaml*, tapis, lainage.

Khuraym (خُرَيْم) : Petit trou. Ex : Khuraym b. al-Akhram, l'un des compagnons du Prophète — sur lui la grâce et la paix .

Khu<u>sh</u>ay<u>sh</u> (خُشَيْش) : Petite colline boisée. Ex : Khu<u>sh</u>ay<u>sh</u> b. A<u>s</u>ram.

Khu<u>s</u>ayf (خُصَيْف) : Diminutif de *Kha<u>s</u>f*, couture, réparation.

Khuwaylid (خُوَيْلد) : Diminutif de Khâlid.

Khuzâmâ (خُزامَة) : Nom de tribu ; lavande, réséda, tulipe.

Khuzayma (mixte) (خُزَيْمَة) : Ex : Khuzayma b. <u>Th</u>âbit, l'un des compagnons du Prophète — sur lui la grâce et la paix.

Féminin

Khadîja (خَدِيجَة) : Avorton. Egalement Khaddûj, diminutif de Khadîja.

Kha*d*ira (خَضِرَة) : Verte. Nom de l'une des servantes du Prophète — sur lui la grâce et la paix.

Kha*d*râ' (خَضْرَاء) : Même sens que Kha*d*ra, verte, grise, noire ; troupe nombreuse ; pigeon domestique.

Khalâ*s* (خَلاص) : Délivrance ; nom masculin employé comme féminin.

Khâlida (خالِدَة) : Eternelle. Ex : Khâlida bint al-Aswad.

Khalîda (خَلِيدَة) : Cf. : Khâlida.

Khalîsa (خَلِيصَة) : Qui offre un mélange de deux nuances ; forte ; robuste. Ex : Khalîsa bint Qays.

Khalîla (خَلِيلَة) : Amie. Masculin : Khalîl.

Khâli*s*a (خالِصَة) : Dévouée, sincère, pure.

Khansâ' (خَنْساء) : Buffle. Ex : La célèbre poétesse qui porte ce nom.

Kharqâ' (خَرْقاء) : Insensée, maladroite, gauche. Nom d'une femme noire qui entretenait la mosquée du Prophète — sur lui la grâce et la paix.

Khawla (mixte) (خَوْلَة) : Gazelle. Ex : Khawla bint al-Aswad.

Khayra (خَيْرَة) : Vertueuse. Ex : Khayra bint Qays al-Fi*h*riyya.

Khayriyya (خَيْرِيَّة) : Générosité, excellence.

Khayriyya (خَيْرِيَّة) : De bien . Masculin : Khayrî.

Khirnîq (خِرْنِيق) : Lapereau ; levraut. Ex : Khirnîq bint al-Ha*s*în al-Khuzâ'iyya.

Khubayb (خُبَيْب) (mixte)

Khulla (خُلَّة) : Amitié ; condition maritale ; amie, épouse.

Khulda (خُلْدَة) : Perpétuité ; éternité.

Khulûd (خُلُود) : Perpétuité.

Khuzayma (خُزَيْمَة) (mixte) : Ex : Khuzayma bint Ja*h*m.

Dâl
دال

Masculin

Da'âma (دَعامَة) : Pilier, étai, support. Ex : Da'âma b. 'Azîz b. 'Amr.

Dabbâgh (دَبّاغ) : Tanneur. Ex : 'Abd al-'Azîz al-Dabbâgh.

Dabbâj (al) (دَبّاج) : Marchand de soie. Ex : Al-'Abbâs b. al-Fadl al-Dabbâj.

Dabbâs (al) (دَبّاس) : Vendeur de résiné.

Daffâ' (دَفّاع) : Intensif de *dâfi'*, défenseur.

Daghfal (دَغْفَل) : Eléphanteau, louveteau ; vie aisée. Ex : Daghfal b. Hanzala.

Dahdâh (دَحْداح) : Petit de taille. Ex : Abû al-Dahdâh, compagnon du Prophète — sur lui la grâce et la paix.

Dahhân (دَهّان) : Peintre. Ex : 'Abd Allah al-Dahhân.

Dahmân (دَهْمان) : Assaillant ; nom de famille.

Dahr (دَهْر) : Temps, époque. Ex : Dahr b. al-Akhram.

Da*h*/th̲am (دَهْثَم) : Ex : Da*h*/ th̲am b. Qurrân al-‘Uklî.

Dâ‘î (al) (داعي) : Prédicateur ; missionnaire ; qui convie les hommes à Dieu.

Dajâja (mixte) (دَجاجَة) : Poule. Ex : Dajâja b. Rabî‘a, frère du poète Labîd.

Dakhîl (دَخيل) : Confident, étranger, intrus.

Da‘laj (دَعْلَج) : Sac plein ; herbes enchevêtrées ; nattes de différentes couleurs ; vorace ; empreintes ; loup ; beau jeune homme. Ex : Da‘laj b. Ahmas al-Sijistânî.

Dalam (دَلَم) : Noir ; souple ; moelleux ; pendant.

Dal*h*am (دَلْهَم) : Lion ; courageux. Ex : Dal*h*am b. al-Aswad.

Dâlî (دالي) : Raisin noir.

Dalîl (دَليل) : Guide, preuve, argument . Féminin : Dalîla.

Dalja (دَلْجَة) : De *dalaja* : transvaser. Ex : Dalja b. Qays.

Damûn (دَمون)

Daqîq (دَقيق) : Fin, farineux.

Daqqâq (دَقّاق) : Marchand de farine, meunier.

Daqr (دَقْر) : Jardin fleuri ; employé surtout comme nom de famille.

Dardâ' (دَرْداء) : Edenté. Ex : 'Uwaymir b. Zayd al-Dardâ'.

Dârî (داري) : Qui sait, qui connaît. Ex : Tamîm al-Dârî.

Dârim (دارِم) : Qui trottine.

Darrâj (دَرّاج) : Qui fait de nombreux tours autour de la Ka'ba.

Darwî<u>sh</u> (دَرْويش) : Pauvre, ascète, dévôt, moine ; employé comme nom de famille.

Dâwûd (داوُود) : Nom arabe du prophète David — sur lui la paix.

Daws (دَوْس) : Le fait d'écraser, piétiner, fouler, battre le blé ; nom d'une tribu arabe.

Dâya (دايَة) : Sage-femme. Ex : 'Alî b. al-Dâya.

Daylam (دَيْلَم) : Armée ; bassin ; nuée, quantité innombrable.

Daysam (دَيْسَم) : Compatissant, doux, bienveillant.

Dîb (ديب) : Contraction de <u>Dh</u>i'b, loup.

Dîbâj (mixte) (ديباج) : Soie ; beauté ou pureté du visage. Ex : Muhammad b. 'Abd Allâh al-Dîbâj.

Di'bal (دِعْبِل) : Grande chamelle ; têtards. Ex : Al-Di'bal b. 'Alî al-<u>Kh</u>uzâ'î.

Difâfa (دِفافَة) : Battant de porte, gouvernail. Ex : Difâfa al-Râ'î.

Dihya (دِحْيَة) : Chef d'armée. Ex : Dihya al-Kalbî.

Dînâr (دينار) : Nom d'une ancienne monnaie arabe.

Diqqa (دِقّة) : Précision. Ex : Diqqa b. Iyâs.

Dirbâs (دِرْباس) : Lion ; chien méchant. Ex : Muhammad b. 'abd al-Malik b. Dirbâs.

Dirham (دِرْهَم) : Nom d'une ancienne monnaie arabe dont le nom s'est perpétué de nos jours comme monnaie nationale de certains pays arabes. Ex : Dirham b. Mu'âwiyya.

Dithâr (mixte) (دِثار) : Cape, vêtement ample. Ex : Dithâr b. Sinân.

Diyâb (دِياب) : Contraction de *dhi'âb*, loups.

Du'â' (دُعاء) : Invocation.

Duhayn (دُهَيْن) : Diminutif de *duhn*, onguent.

Dujâna (دُجانَة) : Ex : Le compagnon du Prophète — sur lui la grâce et la paix — abû Dujâna.

Dukayn (دُكَيْن) : Diminutif de *dâkin*, sombre. Ex : Dukayn b. Sa'îd.

Dukhayn (دُخَيْن) : Ex : Dukhayn b. 'Âmir.

Dulaf (دُلَف) : Ex : 'Abd al-'Azîz b. Dulaf.

Dulayja (دُلَيْجَة) : Diminutif de Dalja.

Dalîl (دَليل) : Guide, indication.

Duhaym (دُهَيّم) : Probablement diminutif de *Dahim*, racine. Ex : 'Abd al-Rahmân Duhaym.

Durayd (دُرَيْد) : Diminutif de *darid*, édenté ; en colère.

Durra (mixte) (دُرَّة) : Perle, maïs ; employé comme nom de famille.

Durust (دُرُسْت)

Du‘thûr (دُعْثور) : Ex : Du‘thûr b. al-Hârith.

Duwayd (دُوَيْد) : Vermisseau. Ex : Duwayd b. Zayd al-Sâ‘idî.

Féminin

Da'd (دَعْد) : Qui marche lentement. Ex : Da'd bint 'Âmir.

Dâ'iba (دائبَة) : Sérieuse.

Da'jâ' (دَعْجاء) : Aux grands yeux noirs.

Dajâja (دَجاجَة) (mixte) : Poule. Ex : Dajâja bint Asmâ'.

Daqra (دَقْرَة) : Jardin riche en végétation. Ex : Daqra bint Ghâlib.

Dalâl (دَلال) : Coquetterie, caresse, câlinerie.

Dalîla (دَليلَة) : Guide, preuve, argument.

Masculin : Dalîl.

Dâlya (دالِيَة) : Vigne.

Dâniya (دانِيَة) : Proche, aimée.

Da'wa (دَعْوَة) : Invitation, prédication.

Dawha (دَوْحَة) : Arbre de haute futaie.

Dawla (دَوْلَة) : Gouvernement, pays.

Dîbâj (mixte) (ديباج) : Soie ; beauté ou pureté du visage.

Dithâr (mixte) (دثار) : Cape, vêtement ample.

Dubya (دُبيَة) : Sauterelle ? Ex : Dubya bint Khâlid.

Dunyâ (دُنيا) : Ce bas-monde.

Durra (mixte) (دُرَّة) : Perle. Ex : Durra bint abî Lahab.

Dhâl
ذال

Masculin

Dhâbil (ذابِل) : Fané. Ex : Dhâbil b. al-*T*ufayl.

Dha*h*l (ذَهْل) : Oubli, préoccupation. Ex : Dha*h*l b. Ka‘b.

Dhakiyy (ذَكِيّ) : Intelligent, vif, pur.

Dhâkir (ذاكِر) : Qui se souvient ; qui fait du dhikr. Ex : Dhâkir b. Kâmil al-Baghdâdî.

Dhakwân (ذَكْوان) : Probablement tiré du verbe *dhakâ yadhkû* : brûler avec intensité. Nom d’une tribu arabe.

Dhar‘ (ذَرْع) : Etreinte. Ex : Dhar‘ al-Khulânî.

Dharîh (ذَريح) : Pays de montagne. Ex : *S*âlih b. Dharîh.

Dharr (ذَرّ) : Grain. Ex : Abû Dharr.

Dhayyâl (ذَيّال) : Cercopithèque.

Dhi’b (ذِئْب) : Loup, animal ; généralement nom de famille et souvent contracté en Dîb.

Dhîb (ذيب) : Loup ; contraction de Dhi’b.

Dhu'âb (ذُؤَاب) : Tresse.

Dhu'âla (ذُؤَالَة) : Variété de loup.

Dhû al-Fiqâr (ذُو الفِقار) : Nom de l'épée de sayyidnâ 'Alî. Egalement : un ancêtre des arabes de la tribu de 'Adnân.

Dhu al-Nûn (ذو النّون) : "Possesseur" du Nûn. Ex : Dhû al-Nûn al-Misrî.

Dhu'ayb (ذُؤَيْب) : Louveteau ?

Dhubâb (ذُباب) : Mouche. Ex : Dhubâb b. al-Hârith, compagnon du Prophète — sur lui la grâce et la paix.

Dhubyân (ذُبْيان) : Fané ; assoifé. Nom d'une tribu arabe.

Dhuhayl (ذُهَيْل) : Diminutif de *dhahl*, oubli, préoccupation.

Dhuhlûl (ذُهْلول) : Prodigue, généreux ; cheval de race.

Dhunayn (ذُنَيْن) : Ex : 'Abd al-Rahmân b. Dhunayn.

Dhurayh (ذُرَيْح)

Dhurwa (ذُرْوَة) (mixte) : Sommet, apogée.

Dhuwayd (ذُوَيْد) : Petit ruisseau.

Féminin

Dhakiyya (ذَكِيَّة) : Intelligente, éveillée ; combustible.
Dhalfâ' (ذَلْفاء) : Qui possède un petit nez.
Dhukâ' (ذُكاء) : Soleil.
Dhurra (ذُرَّة) : Atome.
Dhurwa (ذُرْوَة) (mixte) : Sommet, apogée.

Râ’
راء

Masculin

Rabâb (رَباب) : Nuages blancs ; rebec.

Rabâh (رَباح) : Gains, bénéfices ; le vin.

Rabî‘ (رَبيع) (mixte) : Printemps ; herbages printaniers ; pluies printanières. Ex : Abû al-‘Â*ss* b. al-Rabî‘, gendre du Prophète — sur lui la grâce et la paix — et époux de Zaynab.

Rabî‘a (رَبيعة) (mixte) : Lourde pierre utilisée dans les concours de force ; casque ; jardin ; outre de grande contenance. C’est le nom de l’un des ancêtres du Prophète — sur lui la grâce et la paix — et de l’un de ses cousins : Rabî‘a b. al-Hârith b. ‘abd al-Muttalib.

Rabîb (رَبيب) : Roi ; signataire d’un accord. Féminin : Rabîba.

Râbih (رابِح) : Gagnant, bénéficiaire.

Radâd (رَداد) : Aversion, répulsion. Ex : Radâd al-Laythî.

Râ*d*î (راضي) : Agréé, satisfait, soumis au Décret divin ; qui accepte son sort de bonne grâce.

Ra<u>d</u>iyy (رَضيّ) : Qui est satisfait (de son sort) ; amoureux ; obéissant.

Rafâ'a (رَفاعَة) (mixte) : Aisance matérielle ; (également : Rufâ'a).

Rafâ<u>h</u>a (رَفاهَة) : Aisance matérielle.

Râfi' (رافِع) : Eclair éblouissant ; (précédé de l'article *al*), l'un des Noms divins qui signifie Celui qui élève. Ex : Râfi' b. Jâbir al-<u>*T*</u>â'î, le serviteur d'ibn 'Umar.

Rafî' (رَفيع) : Elevé, de grande valeur, noble ; l'un des Noms divins.

Râghid (راغِد) : Qui vit dans l'aisance.

Raha<u>d</u>a (رَحَضَة) : De *raha<u>d</u>a*, nettoyer ? Ex : Raha<u>d</u>a b. Khuzayma al-Ghifârî.

Rahîl (رَحيل) : Sur le départ, voyageur ; défunt. Ex : Rahîl al-Ju'fî.

Rahîm (رَحيم) : L'un des Noms divins qui signifie : Le Très-Miséricordieux. A la différence du Nom Rahmân dont l'usage est strictement réservé à Dieu, il peut désigner le Prophète, et cela en conformité avec le Coran. S'emploie généralement comme composé : 'Abd al-Rahîm ; prénom féminin : Rahîma.

Ra<u>h</u>m (رهْم) : Ce nom vient-il de *ar<u>h</u>ama*, tomber en pluie ? Ex : Ra<u>h</u>m al-'Adawî.

Rahmân (رحمن) : Le Tout-Miséricordieux. L'un des Noms divins qui ne conviennent qu'à Dieu. S'utilise nécessairement comme composé sous la forme 'Abd al-Rahmân : le serviteur du Miséricordieux.

Râ'id (رائد) : Eclaireur.

Râ'if (رائف) : Doux, compatissant, miséricordieux.

Ra'îs (رئيس) : Président ; seigneur de la troupe.

Ra'iyya (رَعيَّة) : Troupeau ; sujets. Ex : Ra'iyya al-Sâhimî.

Rajâ' (رَجاء) (mixte) : Espoir.

Rajab (رَجَب) : Respect, pudeur ; le septième mois de l'année hégirienne.

Rajjâl (رَجّال) : Piéton.

Rakâna (رَكانة) : Fermeté, stabilité. Ex : Rakâna b. 'abd Yazîd.

Rakb (رَكْب) : Troupe, caravanne. Ex : Rakb al-Ma<u>s</u>rî.

Rakhâ' (رَخاء) : Mollesse. Ex : Rakhâ al-'Anbarî.

Rakîn (رَكين) : Stable, posé ; haute montagne. Féminin : Rakîna.

Rama<u>d</u>ân (رَمَضان) : Neuvième mois de l'année hégirienne et mois de jeûne pour les musulmans.

Râmî (رامي) : Qui s'est fixé un objectif.

Ramzî (رَمزي) : Symbolique, emblématique.

Raqîba (رَقيبة) (mixte) : Observatrice. Ex : Raqîba b. 'Aqîba.

Raqîm (رَقيم) : Livre, message codé. Nom du chien des sept dormants dans la sourate "La caverne".

Raqîs (رَقيس)

Rasîm (رسيم) : Pas rapide et vigoureux. Ex : Rasîm al-'Abdî, compagnon du Prophète — sur lui la grâce et la paix.

Rashâd (رشاد) : Guidance, droiture.

Râshid (راشد) : Bien guidé, raisonnable. Féminin : Râshida.

Rashîd (رشيد) : Le guide, raisonnable, qui conduit à la voie droite ; l'un des Noms divins.

Râtib (راتب) : Salaire de fonctionnaire ; assuré, permanent, durable.

Ratîb (رتيب) : Régulier ; gradé.

Ra'ûf (رَؤُوف) : Précédé de l'article *al* c'est l'un des Noms divins qui signifient : Compatissant, Miséricordieux. Sans article, c'est un des noms donnés au Prophète Muhammed — sur lui la grâce et la paix — par le Coran. S'emploie généralement comme nom composé : 'Abd al-Ra'ûf.

Rawâh (رَواح) : Soir, repos, tranquillité.

Rawâha (رواحة) : Repos, tranquillité ; nom féminin employé comme prénom masculin. Ex : 'Abd-Allâ<u>h</u> b. Rawâha.

Râwî (راوي) : Conteur, rapporteur.

Rayhân (رَيْحان) (mixte) : Plantes odoriférantes ; myrte ; subsistance ; miséricorde.

Raz'a (رَزْعَة) : Poltronnerie ? Ex : Raz'a b. 'abd-Allâh al-An<u>s</u>ârî.

Razîn (رَزين) : Posé, respectable, sensé ; stable, équilibré, pondéré. Ex : Razîn b. Anas al-Sulamî.

Ri'âb (رِئاب) : Pièce de bois avec laquelle on répare un meuble. Ex : Ri'âb b. Hanîf.

Rîbâl (رِيبَال) (mixte) : Lion ; féroce, audacieux ; vieillard infirme . Ex : Rîbâl al-Thaqafî.

Rib'î (رِبْعي) : De même racine que Rabî'.

Ri*d*â (رِضا) : Agrément, satisfaction ; continence, acceptation.

Ri*d*wân (رِضْوان) : Satisfaction ; selon l'Islam, nom de l'ange préposé à la garde du Paradis.

Rif'a(t) (رِفْعَة) (mixte) : Elévation.

Riyâ*d* (رِياض) (mixte) : Pluriel de *rawda*, jardins.

Rudayj (رُدَيْج) : De *radaja*, s'avancer ? Ex : Rudayj b. Dhu'ayb.

Rûh (روح) : Esprit. Ex : Rûh b. Yasâr ; nom féminin employé comme prénom masculin.

Rukhayla (رُخَيْلَة) : Petit agneau. Ex : Rukhayla b. Tha'laba.

Rukn al-Dîn (رُكْن الدين) : Pilier de la religion.

Rûmân (رومان) : Romain, Byzantin ?

Ruqâd (رُقاد) : Sommeil prolongé. Ex : Ruqâd b. Rabî'a al-'Uqaylî.

Rushd (رُشْد) : Raison, sagesse.

Rushdân (رُشْدان) : Même sens que Rashîd. Ex : Rushdân al-Ju*h*anî.

Rushdî (رُشْدي) : Guidé. Féminin : Rushdiyya.

Ruwayba (رُوَيْبَة) : Sans doute diminutif de *rawb*, lait caillé.

Ruwayfi' (رُوَيْفِع) : Diminutif de Râfi'.

Ruwayshid (رُوَيْشِد) : Diminutif de Râshid.

Féminin

Rabâb (رَباب) : Rebec. Ex : Al-Rabâb bint al-Bara'.

Rabî' (رَبيع) (mixte) : Printemps, herbages printaniers, pluies printanières.

Rabî'a (رَبيعَة) (mixte) : Lourde pierre utilisée dans les concours de force ; casque ; jardin ; outre de grande contenance.

Râbi'a (رابِعَة) : Fertile.

Rabîba (رَبيبَة) : Reine, signataire d'un accord.

Râbi<u>d</u>a (رابِضَة) : Lionne ; à l'affût ; impotente ; au nez camus. Ex : Râbi<u>d</u>a bint Karâma.

Râbiha (رابِحَة) : Gagnante.

Râbi<u>t</u>a (رابِطَة) : Lien ; ligue. Ex : Râbi<u>t</u>a bint al-Hâri<u>th</u>.

Ra'd (رَأْد) : Belle jeune fille ; se dit aussi : Ru'd et Ra'da.

Ra'd (رَعْد) : Tonnerre.

Râ<u>d</u>iya (راضِيَة) : Agréée, satisfaite, soumise au décret Divin ; qui accepte son sort de bonne grâce.

Radiyya (رَضِيَّة) : Même sens que Râdiya.

Ra<u>d</u>wâ (رَضْوى) : De Ri<u>d</u>â', agrément, satisfaction ? Ra<u>d</u>wâ était une des servantes du Prophète — sur lui la grâce et la paix.

Rafâ (رَفا) : Couture.

Rafâ'a (رَفاعَة) (mixte) : Aisance matérielle ; (également : Rufâ'a). Ex : Rafâ'a bint Thâbit.

Rafah (رَفَه) : Aisance ; vie agréable.

Rafîda (رَفيدَة) : Aide. Ex : Rafîda al-Ansâriyya.

Rafîf (رَفيف) : Brillantes (dents) ; fins (vêtements) ; fertile.

Rafîqa (رَفيقَة) : Epouse, compagne.

Râfiqa (رافِقَة) : Douceur ; bien agir ; bienfait.

Raghad (رَغَد) : Aisance ; nom masculin employé comme prénom féminin.

Râghida (راغِدَة) : Qui a une vie aisée.

Raghdâ' (رَغْداء) : Qui a une vie aisée. Même sens : Raghda.

Rahîla (رَحيلَة) : Voyageuse ; sur le départ.

Rahîma (رَحيمَة) : Miséricordieuse.

Rahma (رَحْمَة) : Miséricorde.

Râ'i'a (رائِعَة) : Ravissante.

Râ'ida (رائِدَة) : Rocher ; vent léger, brise.

Râ'ifa (رائِفَة) : Compatissante.

Rajâ (رَجى) : Direction, orientation.

Rajâ' (رَجاء) (mixte) : Espoir.

Rakîna (رَكينَة) : Stable, posée ; haute montagne.

Ramla (رَمْلَة) : Sable. Ex : Ramla bint abî Sufyân.

Ramziyya (رَمْزِيَّة) : Symbolisme.

Ranîn (رَنِين) : Sonnerie ; audition ; bruitage. Nom masculin employé comme prénom féminin.

Ranâ (رَنَا) : Amour, audition, concentration. Nom masculin employé comme prénom féminin.

Râniyya (رانِيَّة) : Qui regarde.

Randa (رَنْدا) : Graine de laurier.

Ranîm (رَنِيم) : Faire des exercices vocaux. Nom masculin employé comme prénom féminin.

Raqîba (رَقِيبَة) (mixte) : Observatrice.

Raqîqa (رَقِيقَة) : Servante, esclave. Ex : Raqîqa al-Thaqafiyya.

Râqiya (راقِيَة) : Même sens que Ruqayya.

Râshida (راشِدَة) : Bien guidée ; raisonnable.

Rashîda (رَشِيدَة) : Guide ; raisonnable ; qui conduit à la voie droite.

Ratîba (رَتِيبَة) : Fixe, stable.

Ratîba (رَطِيبَة) : Souple ; douce au toucher.

Raw'a (رَوْعَة) : Beauté du visage ; splendeur.

Rawda (رَوْضَة) : Jardin. Ex : Rawda, nom de l'une des servantes du Prophète — sur lui la grâce et la paix.

Ray'ân (رَيْعان) : Début de toute chose ; fleur de l'âge ; nuage prêt à tomber en pluie.

Raya'ân (رَيَعان) : Croissance, augmentation ; nom masculin employé comme prénom féminin.

Rayhân (رَيْحان) (mixte) : Plantes odoriférantes ; myrte ; subsistance ; miséricorde.

Rayhâna (رَيْحانَة) : Jonquille. Surnom que le Prophète Muhammed, que le salut et la paix soient sur lui et sur toute sa famille, donna à ses deux petits-fils al-Hasan et al-Husein.

Ray*t*a (رَيْطَة) : Ex : Ray*t*a bint Munabbi*h*.

Rayya (رَيَّة) : Source dont l'eau est abondante.

Rayyâ (رَيّا) : Parfum agréable.

Rayyân (رَيّان) : Branches d'arbre vertes.

Razân (رَزان) : Femme raisonnable, pudique, pure, digne.

Razîna (رَزينَة) : Posée, respectable, sensée ; stable, équilibrée, pondérée.

Râbiha (رابِحَة) : Gagnante.

Rîbâl (رِيبال) (mixte) : Lionne.

Rif'a (رِفْعَة) (mixte) : Elévation.

Ri'm (رِئْم) : Gazelle blanche.

Riyâ*d* (رِياض) (mixte) : Pluriel de *rawda*, jardins.

Ru'â (رُؤَى) : Pluriel de Ru'ya.

Rubbâ (رُبّا) : Bienfait.

Rufayda (رُفَيْدَة) : Aide ; soutien.

Rûhiyya (روحِيَّة) : Spirituelle.

Rulâ (رُلى) : Nom d'une ancienne tribu arabe.

Rumays̲â' (رُمَيْصاء) : Etoile. Ex : Rumays̲â', surnom d'Umm Sulaym.

Rumaytha (رُمَيْثَة) : Vraisemblablement le nom d'une plante qui pousse dans le désert. Ex : Rumaytha bint 'Amr.

Ruqayya (رُقَيَّة) : Elévation, montée.

Ruqya (رُقْيَة) : Talisman, exorcisme, guérison.

Rushdiyya (رُشْدِيَّة) : Guidée.

Ruwayd (رُوَيْد) : Lenteur.

Ruwaydâ (رُوَيْداء) : Lenteur, douceur.

Ru'ya (رُؤْيَة) : Vue, clairvoyance, intuition.

Zayn
زين

Masculin

Za‘ba (زَعْبَة) : Ex : Za‘ba b. Hishâm al-Juhanî.

Za‘bal (زَعْبَل)

Zabarqân (زَبَرْقان) : Lune en son plein ; éclat.

Zabbân (زَبّان) : Intensif de *zâbin* , qui frappe ou qui pique. Ex : Zabbân b. Fâ’id.

Zâdhân (زاذان) : Nom d’abu ‘Amr al-Kindî.

Zâfir (زافِر) : Nom d’action de *zafara*, gémir, crépiter, expirer. Ex : Zâfir b. Sulymâm al-Ayâdî.

Zâhî (زاهي) : Lumineux, beau. Féminin : Zâhiyya.

Zâhid (زاهِد) : Ascète. Féminin : Zâhida.

Zâhir (زاهِر) : Brillant, éclatant, florissant. Ex : Zâhir b. al-Aswad, compagnon du Prophète — sur lui la grâce et la paix.

Zâ’ida (زائِدَة) (mixte) : Excroissance, appendice. Ex : Zâ’ida b. Qudâma.

Zajjâj (زَجّاج) : Vitrier ; voir également Zajjâjî : il existe un célèbre grammairien qui porte ce nom.

Zajr (زَجْر) : Réprimande, restriction, répression.

Zakariyya (زَكَرِيَّا) : Nom coranique du prophète Zacharie.

Zakiyy (زَكِيّ) : Pieux, vertueux, bienfaiteur, pur ; qui croît.

Zal'ab (زَلْعَب) : Ex : Zal'ab al-Jinnî.

Zam'a (زَمْعَة) : Bourgeon, jeune pousse.

Zamân (زَمان) : Temps. Ex : Zamân b. 'Ammâr al-Fuzârî.

Zamîl (زَميل) : Compagnon, camarade. Ex : Zamîl b. Abyar.

Zâmila (زاملَة) : Probablement féminin grammatical de Zâmil, compagnon.

Zanbâ' (زَنْباع) : Nom d'un des compagnons du Prophète — sur lui la grâce et la paix —, Zanbâ' b. Rawh.

Zanfal (زَنْفَل) : Zanfal al-'Urfî.

Zanîm (زَنيم) : Adjoint ; bâtard. Ce nom fut porté par un compagnon du Prophète — sur lui la grâce et la paix — qui trouva la mort le jour de la bataille de Hudaybiyya.

Zankal (زَنْكَل)

Zar'a (زَرْعَة) (mixte) : Grain, plant, semence. Ex : Zar'a b. 'Abd-Allah.

Zarakshî (زَرَكْشي) : Nom de relation de *zarkasha* : brodé d'un galon d'argent ou d'or.
Zarbiyy (زَرْبِيّ) : Probablement tapis. Ex : Zarbiyy b. 'Abd-Allah al-Uzdî.
Zâri' (زارِع) : Cultivateur. Ex : Zâri' b. 'Âmir al-'Abdî, l'un des compagnons.
Zarîr (زَرير) : Intelligent, subtil.
Zawba'a (زَوْبَعَة) : Orage, ouragan, tempête ; Ex : Zawba'a al-Jinnî, l'un des jinns qui écoutèrent le Coran récité par le Prophète — sur lui la grâce et la paix.
Zayd (زَيْد) : Accroissement, augmentation.
Zaydân (زَيْدان) : Même sens que Zayd.
Zayn (زَين) : Noble, bon, beau.
Zayyân (زَيّان) : Forme intensive de Zayn.
Zayyât (زَيّات) : Marchand d'huile.
Zinâd (زِناد) : Percuteur, détente. Ex : Abû al-Zinâd le rapporteur de hadîths.
Zirr (زِرّ) : Bouton ; contact. Ex : Zirr b. Hubaysh.
Ziyâd (زِياد) : Accroissement, excès, supplément.
Zubâb (زُباب) : Sans doute de *zubâba*, musaraigne. Ex : Zubâb b. Ramîla.
Zubayd (زُبَيْد) : Diminutif de *zubda*, beurre ; Ex : Zubayd b. al-Hâri*th*. Féminin : Zubayda.
Zubayr (زُبَير) : Ecrit ; honnête homme.

Zufar (زُفَر) : Lion ; seigneur, courageux. Généreux ; mer, le fleuve dont le débit est très important. Détachement militaire. Qui est capable de porter des poids lourds. Nom de l'un des élèves de l'imâm Abû Hanîfa.

Zughlûl (زُغْلول) : Homme rapide, preste ; enfant ; pigeonneau ; orphelin. Variété de dattes égyptiennes.

Zuhayr (زُهَيْر) : Diminutif de *Zahr*, fleurette. Féminin : Zuhayra.

Zuhlûl (زُهْلول) : Lisse, glabre.

Zuhra (زُهْرَة) (mixte) : Vénus ; blancheur éclatante.

Zuhrî (زُهْري) (al) : Fleuri.

Zukra (زُكْرَة) : Petite outre. Ex : Zukra b. 'Abd-Allâh.

Zumayl (زُمَيْل) : Diminutif de Zamîl, camarade, confrère.

Zurâra (زُرارَة) : Zurâra b. Awfâ al-'Âmirî.

Zurayq (زُرَيْق) : Bleu, diminutif de *zurq*.

Zuwâra (زُوارَة) : Ex : Zuwâra b. 'Umayr.

Zuyayd (زُيَيْد) : Diminutif de Zayd.

Zyâda (زِيادَة) : Augmentation. Ex : Zyâda b. Jahûr al-Lakhmî.

Féminin

Zajâ' (زَجاء) : Réussite ; facilité ; droiture.

Zâ<u>h</u>iyya (زاهِيَّة) : Lumineuse, belle. Masculin : Zâ<u>h</u>î.

Zâ<u>h</u>ida (زاهِدَة) : Ascète. Masculin : Zâ<u>h</u>id.

Za<u>h</u>r (زَهْر) : Fleur.

Za<u>h</u>ra (زَهْرَة) : Fleur ; éclat, beauté, splendeur.

Za<u>h</u>râ' (زَهْراء) : Lumineuse, florissante.

Zâ'ida (زائِدَة) (mixte) : Excroissance, appendice. Ex : Zâ'ida, une des servantes de 'Umar.

Zamzam (زَمْزَم) : Eau en abondance ; la source d'eau de zamzam située à proximité du temple sacré de la Ka'ba qui jaillit du talon du prophète Isma'îl lorsque sa mère, al-sayyida Hâjar le posa à terre afin d'implorer Dieu.

Zanjabîl (زَنْجبيل) : Vin ; également le nom d'un fleuve paradisiaque.

Zaynab (زَيْنَب) : Peureux, poltron ; plante odoriférante ; nom de l'une des épouses du Prophète : Zaynab fille de Jahsh. Certains veulent y voir une contraction de deux mots : *Zayn* (beauté, parure) et *Ab* (le père), en sorte que Zaynab pourrait se traduire par la parure de son père.

Zîna (زينَة) : Beauté ; parure.

Zinnîra (زِنّيرَة) : Ex : Zinnîra al-Rûmiyya.

Zir'a (زَرْعَة) : Graine ; plant. Ex : Zir'a bint Mahrish.

Zubayda (زُبَيْدَة) : Diminutif de *zubda*, beurre. Masculin : Zubayd.

Zu*h*â (زُها) : Beauté, perfection physique.

Zu*h*ayra (زُهَيْرَة) : Diminutif de Za*h*r, fleurette. Masc ulin : Zu*h*ayr.

Zu*h*ra (زُهْرَة) (mixte) : Vénus ; blancheur éclatante.

Zulaykha (زُلَيْخَة) : Nom que les commentateurs du Coran donnent à l'épouse de l'intendant du pharaon qui tenta de séduire le prophète Joseph — sur lui la paix.

Zulfâ (زُلْفَى) : Proximité, intimité.

Zumurrud (زُمُرُّد) : Emeraude.

Sîn
سين

Masculin

Sa‘âd (سَعاد) : Intensif de Sa‘d.

Sâbiq (سابِق) : Qui précède.

Sabra (سَبْرَة) : Glaréole (oiseau). Ex : Sabra b. ‘Awsaja.

Sadâd (سَداد) : Rectitude, droiture ; raison, vérité.

Sa‘d (سَعْد) : Félicité, bénédiction.

Sa‘dâna (سَعْدانَة) : Colombe.

Sa‘dân (سَعْدان) : Singe ; également les planètes Vénus et Jupiter. Ex : Sa‘dân b. Bishr al-Juhanî.

Sa‘dî (سَعْدي) : De Sa‘d, bienheureux.

Sadîd (سَديد) : Perspicace, judicieux. Ex : ‘Alî al-Sadîd.

Safîna (سَفينَة) : Bateau. Ex : Safîna abû ‘Abd al-Rahmân, l’un des compagnons du Prophète — sur lui la grâce et la paix.

Sahhâma (سَهّامَة) : Vraisemblablement de même étymologie que Su*h*aym. Ex : Sahhâma b. 'Abd-Allâh.

Sa*h*l (سَهْل) : Plaine ; doux, facile, humble.

Sâ'ib (سائِب) : Coulant, fluide, relâché, libre, en vrac ; également : Seigneur, vainqueur, noble. Ex : Sâ'ib b. Hubaysh.

Sâ'ih (سائِح) : Voyageur ; touriste.

Sa'îd (سَعيد) : Bienheureux.

Sâ'ida (سَاعِدَة) (mixte) : Président(e) ; axe d'une poulie. Nom féminin employé comme prénom mixte.

Sâjî (ساجي) : Calme ; tranquille ; clair. Ex : Zakî b. Yahyâ al-Sâjî.

Sâjid (ساجِد) : Prosterné.

Sajl (سَجْل) : Grand seau ; homme généreux ; donation ; portion congrue.

Sakan (سَكَن) : Demeure, habitation. Ex : Sakan b. al-Mughîra.

Sa<u>kh</u>bara (سَخْبَرَة) : Trahison ; variété d'arbre. L'un des compagnons du Prophète — sur lui la grâce et la paix.

Sakhiyy (سَخِيّ) : Généreux. Féminin : Sakhiyya.

Sa<u>kh</u>tâm (سَخْتام) : Ex : Ibrâhîm b. al-Sa<u>kh</u>tâm.

Salâm (سَلام) (mixte) : Paix, sécurité, salut ; l'un des Noms divins : peut donc s'employer composé : 'Abd al-Salâm.

Salama (سَلَمَة) : Préparation ; piqûre ; morsure ; santé ; salut. Ex : Salama b. Umayya.

Salîm (سَلِيم) : Sain et sauf ; immunisé. Féminin : Salmâ', Salîma et Salmâ.

Sâlim (سالِم) : Sain et sauf ; indemne, intact, rescapé. Féminin : Sâlima.

Salî*t* (سَلِيط) : Autoritaire, dominateur.

Salm (سَلْم) : Paix. Ex : Salm b. Ibrâ*h*îm al-Warrâq.

Salmân (سَلْمان) : Meilleure partie ; choix. Ex : Salmân al-Fârisî.

Sam'ân (سَمْعان) : A l'écoute. Ex : Sam'ân al-Aslamî.

Sâmî (سامِع) : Elevé. Féminin : Sâmiya.

Samî' (سَمِيع) : Celui qui entend ; l'un des Noms divins. Peut s'employer comme nom composé : 'Abd al-Samî'. Féminin : Samî'a.

Samîh (سَمِيح) : Généreux, tolérant.

Sâmir (سامِر) : Causeur nocturne, compagnon de veillée. Féminin : Sâmira.

Samîr (سَمِير) : Même sens que Sâmir. Féminin : Samîra.

Sammâk (سَمّاك) : Poissonnier. Ex : Sammâk b. al-Fa*d*l.

Samura (سَمُرَة) : Gommier.

Sanâbil (سَنابِل) : Pluriel de *sunbul*, épis. L'un des compagnons du Prophète — sur lui la grâce et la paix — s'appelait abû al-Sanâbil.

Saqqâ' (سَقّاء) : Echanson. Ex : Muhammad b. al-Saqqâ'.

Sarakhsî (سَرَخْسي) : Nom de relation ; fougère.

Sarh (سَرْح) : Bétail ; variété d'arbre. Ex · 'Amr b. am-Sarh.

Sârî (ساري) : Lion.

Sarî' (سَريع) : Rapide. Ex : Sarî' b. 'Abd-Allah.

Sâriya (سارِيَة) (mixte) : Nuage ; hampe, mât, pylône.

Sariyy (سَرِيّ) : Noble personnage, généreux, viril. Ex : Sariyy al-Saqa*t*î.

Sarrâr (سَرّار) : Réjouissant ? Ex : Sarrâr b. Mujashshir.

Sattâr (سَتّار) : Qui couvre, qui protège ; l'un des Noms divins. Généralement employé comme nom composé : 'Abd al-Sattâr.

Sawwâr (سَوّار) : Capiteux (vin) ; insolent, querelleur. Ex : Sawwâr b. 'Abd-Allah.

Sayf (سَيْف) : Epée, Sabre. Ex : Sayf b. Zyâzân, roi du Yémen.

Sayyâr (سَيّار) : En partance, voyageur ; chef. Ex : Sayyâr b. Yahyâ al-*H*arawî.

Sayyid (سَيِّد) : Chef, seigneur ; maître, patron.

Sibâ‘ (سِباع) : Bête fauve. Ex : Sibâ‘ b. Thâbit.

Sibâhî (سِباهي) (al) : Gâteux.

Sinân (سِنان) : Empennage d’une flèche.

Sirâj (سِراج) : Flambeau, éclairage. Ex : Sirâj b. Majjâ‘a.

Subay‘ (سُبَيْع) : Diminutif de Sibâ‘. Ex : Subay‘ b. Khâlid.

Sufyân (سُفْيان) : Qui marche rapidement. Ex : Abû Sufyân.

Suhayl (سُهَيْل) : Diminutif de Sahl.

Suhaym (سُهَيْم) : Peut-être de *sahima* noircir, ou encore diminutif de *sahm*, part, portion. Ex : Suhaym al-Madanî.

Suhnûn (سُحْنون) : Peut-être de *sahana*, assouplir le bois ?

Sukayn (سُكَيْن) : Diminutif de Sakan.

Sulaym (سُلَيْم) : Diminutif de Sâlim. Ex : Sulaym b. Aswad.

Sulaymân (سُلَيْمان) : Nom coranique du prophète Salomon — sur lui la paix.

Sultân (سُلْطان) : Prince, autorité.

Sumayy (سُمَيّ) : Diminutif de Sâmî, élevé. Féminin : Sumayya.

Sunayd (سُنَيْد) : Diminutif de *sanad*, soutien, appui. Ex : Sunayd al-Missîsî.

Sunbul (سُنْبُل) : Epi (de blé, d'orge).

Surâqa (سُرَاقَة) : Objet d'un vol ; équivalent : *Masrûq*, volé. Ex : Surâqa b. Mâlik, compagnon du Prophète — sur lui la grâce et la paix.

Surayj (سُرَيْج) : Petite selle. Ex : Surayj b. Nu'mân.

Surraq (سُرَّق) : Peut-être de *sariqa*, voler. Surraq b. Assad al-Ju<u>h</u>anî.

Su'ûd (سُعود) : Dix étoiles ; félicité, bénédiction.

Suwayd (سُوَيْد) : Noirâtre. Ex : 'Uthmân b. Suwayd.

Féminin

Sabâ (سَبا) : Bois chrarié par un torrent. Ex : Al-Sabâ bint Sufyân.

Sa<u>h</u>la (سَهْلَة) : Facile. Ex : Sa<u>h</u>la bint Sa'd.

Sahar (سَحَر) : Aube.

Sâ'iba (سائِبَة) : Coulante ; fluide ; relâchée ; en vrac. L'une des servantes du Prophète — sur lui la grâce et la paix — portait ce prénom.

Sa'da (سَعْدَة) : Féminin de Sa'd. On trouve également : Sa'dâ.

Sâ'ida (ساعِدَة) (mixte) : Présidente ; axe d'une poulie.

Sa'îda (سَعِيدَة) : Bienheureuse.

Sâji'a (ساجِعَة) : Qui roucoule (tourterelle).

Sakîna (سَكِينَة) : Paix, quiétude, respectabilité, miséricorde. On trouve également Sukayna qui en est le diminutif.

Sâ'ida (ساعِدَة) (mixte) : Présidente ; axe d'une poulie.

Sakhiyya (سَخِيَّة) : Généreuse. Masculin : Sakhiyy.

Salâm (سَلام) (mixte) : Paix, sécurité, salut ; l'un des Noms divins ; peut s'employer composé : 'Abd al-Salâm.

Sallâma (سَلّامَة) : Sauve, exempte de défauts.

Salmâ' et **Salmâ** (سَلْماء، سَلْمى) : Saine et sauve; immunisée.

Sâlima (سَالِمَة) : Saine et sauve ; indemne, intacte, rescapée. Masculin : Sâlim.

Salima (سَلِمَة) : Femme à la peau douce.

Salwâ (سَلْوى) : Miel, douceurs ; caille.

Samâh (سَماح) : Indulgence ; tolérance.

Samar (سَمَر) : Lumière lunaire ; conversation nocturne ; époque ; noirceur de la nuit.

Sâmiya (سامِيَة) : Elevée. Masculin : Sâmî.

Samî'a (سَمِيعَة) : Attentive, à l'écoute, obéissante.

Samîha (سَمِيحَة) : Généreuse.

Samîka (سَمِيكَة) : Epaisse, grosse. Ex : Samîka bint Jabbâr.

Sâmira (سامِرَة) : Causeuse nocturne, compagne de veillée. Masculin : Sâmir.

Samîra (سَمِيرَة) : Même sens que Sâmira. Masculin : Samîr.

Samrâ' (سَمْراء) : Mâte. Ex : Samrâ' bint Na<u>h</u>bak.

Sanâ' (سَناء) : Lumière lunaire ; grande clarté, éclair ; variété de soie. Ex : Sanâ' bint Asmâ'.

Saniyya (سَنِيَّة) : Elevée, haute, sublime. Ex : Saniyya bint al-Hâri<u>th</u>.

Sâra (سارَة) : Epouse du prophète Ibrâ<u>h</u>îm — sur lui la paix.

Sarâ' (سَراء) : Arbre dont on fait les arcs ; également : honneur, gloire.

Sâriya (mixte) (سارِيَة) : Nuage ; hampe, mât, pylône.

Sawda (سَوْدَة) : Terre fertile en palmiers.

Sawdâ' (سَوْداء) : Noire.

Sawsan (سَوْسَن) : Lys ; iris ; également Sawsân.

Sidra (سِدْرَة) : Lotus.

Si*h*âm (سِهام): Flèche.

Sîrîn (سِيرين) : Nom d'une des deux esclaves coptes dont le Muqawqis fit cadeau au Prophète — sur lui la grâce et la paix. Sa sœur, Mâriyya, donnera au Prophète un fils, Ibrâ*h*îm, qui ne vivra que six mois.

Su'âd (سُعاد) : Bienheureuse.

Su'ayra (سُعَيْرَة) : Peut-être diminutif de *sa'îr* : flamme. Ex : Su'ayra al-Usdiyya.

Subay'a (سُبَيْعَة) : Vraisemblablement diminutif de *sabu'*, bête féroce, lionne, ou encore de *sabî'* qui est un nom de plante. Ex : Subay'a bint abî La*h*ab.

Sudaysa (سُدَيْسَة) : Ce nom a-t-il un rapport avec *suds*, le sixième ? Ex : Sudaysa al-An*s*âriyya.

Sudûs (سُدوس) : Même remarque que pour Sudaysa. Ex : Sudûs bint Khâlid.

Su*h*â (سُها) : Petite étoile peu lumineuse.

Su*h*ayla (سُهَيْلَة) : Féminin de Su*h*ayl.

Su*h*ayr (سُهَيْر) : Nom d'étoile.

Su*h*âd (سُهاد) : Veille, insomnie.

Su*h*ayma (سُهَيْمَة) : Peut-être diminutif de *su*h*ma* : parenté ; part, portion. Ex : Su*h*ayma bint Aslam.

Sukayna (سُكَيْنَة) : Femme à l'esprit vif, femme active.

Sukhayla (سُخَيْلَة) : Petite agnelle. Ex : Sukhayla bint 'Ubayda.

Sulâf (سُلاف) : Premier jus de raisin ; vin nouveau ; avant-garde. Ex : Sulâf, mère d'al-Barâ' b. Ma'mûr. On trouve également Sulâfa.

Sumayya (سُمَيَّة) : Diminutif féminin de Sâmî, élevé. Masculin : Sumayy.

Sumiyyâ (سُمِيّا) : Les cieux.

Sunayya (سُنَيَّة) : Petite année.

Sunayna (سُنَيْنَة) : Peut-être diminutif de *sanîna* : d'un âge égal. Ex : Sunayna bint Makhnaf.

Sunbula (سُنْبُلَة) : Epis de blé. Ex : Sunbula bint Mâ'iz.

Sundus (سُنْدُس) : Variété de soie.

Surâ (سُرا) : Marche de nuit.

Shîn
شين

Masculin

Shabâb (شَباب) : Jeune homme, jeunesse ; jeunes gens. Ex : Shabâb al-'Asfurî.

Shabâba (شَبابَة) : Même sens que Shabâb.

Sha'bân (شَعْبان) : Septième mois de l'Hégire.

Shab'ân (شَبْعان) : Rassasié.

Shabath (شَبَث) : Tarentule. Ex : Shabath b. Rib'î .

Shâbba (شابَّة) (mixte) : Jeune fille. Ex : Shâbba b. Mughaffal al-Tâ'î.

Shabîb (شَبيب) : Vif, hardi. Ex : Shabîb b. Sa'îd al-Tamîmî.

Shâdh (شاذ) : Hétérodoxe. Ex : Shâdh b. al-Aswad.

Shâdhân (شاذان) : Duel de Shâdh. Ex : Shâdhân b. 'Uthmân.

Shaddâd (شَدّاد) : Violent, intensif de *shadîd*. Ex : Shaddâd b. Aws, compagnon du Prophète — sur lui la grâce et la paix.

Shâdî (شادي) : Chanteur. Féminin : Shâdiya.

Shâfî (شافي) : Celui qui guérit ; un des Noms divins. Pourrait s'employer composé : 'Abd al-Shâfî.

Shafî (شفي) : Vraisemblablement guéri, de *shifâ'*, guérison. Ex : Shafî al-*H*u<u>dh</u>alî.

Shâfi' (شافِع) : Intercesseur ; médiateur. Ex : Shâfi' b. 'Abd al-Rashîd al-Karkhî.

Shafîq (شَفيق) : Compatissant. Féminin : Shafîqa.

Shâghûr (شاغور) : Cascade.

Shahhâm (شَحّام) : Marchand de graisse. Ex : Salmân b. Mas'ûd al-Shahhâm.

Sha*h*îd (شَهيد) : Martyr, témoin. Féminin : Sha*h*îda.

Shâ*h*în (شاهين) : Epervier ; axe d'une balance.

Sha*h*îr (شَهير) : Connu, éveillé. Féminin : Sha*h*îra.

Sha*h*m (شَهْم) : Intelligent, perspicace, rapide.

Shahm (شَحْم) : Graisse. Ex : *T*â*h*ir b. Shahm.

Sha*h*r (شَهْر) : Mois, croissant de lune, savant. Ex : Sha*h*r b. Bâdâm, compagnon du Prophète — sur lui la grâce et la paix.

Shahrûr (شَحْرور) : Rossignol.

Shajara (شَجَرة) : Arbre.

Shakal (شَكَل) : De *shakala*, attacher, entraver. Ex : Shakal b. Humayd.

Shakîb (شَكيب) : Généreux. Ex : Shakîb al-Raslân.

Shâkir (شاكِر) : Reconnaissant. Féminin : Shâkira.

Shamardal (شَمَرْدَل) (mixte) : De grande taille.

Shamghûn (شَمْغون) : Ex : Shamghûn al-Uzdî.

Shamîl (شَميل) : Qui contient, qui englobe, synthétique.

Shâmil (شامِل) : Même sens que Shamîl.

Shammâ‘ (شَمّاع) : Fabricant ou vendeur de chandelles ; employé généralement comme nom de famille.

Shammâkh (شَمّاخ) : De *shamakha* : être hautain, altier. Ex : Shammâkh b. *D*irâr.

Shammâs (شَمّاس) : Diacre . Ex : Shammâs b. ‘Uthmân, l'un des compagnons du Prophète — sur lui la grâce et la paix.

Shams (شَمْس) (mixte) : Soleil ; nom féminin employé le plus souvent comme prénom masculin. Egalement employé comme composé : Shams al-Dîn Shantam.

Shamla (شَمْلَة) : Petite quantité ; dattes qui restent sur l'arbre après la récolte.

Shaqîq (شَقيق) : Frère. Ex : Shaqîq al-Balkhî.

Shaqrân (شَقران) : Signifie sans doute : Roux.

Sharaf (شَرَف) : Honneur ; généralement employé comme composé : Sharaf al-Dîn.

Sharahîl (شَرَحيل)

Sha‘rânî (شَعْراني) : Velu.

Sharhabîl (شَرْحَبيل) : Ex : Sharhabîl b. Murra.

Sharîf (شَرِيف) : Noble, beau, lumineux.

Sharîk (شَرِيك) : Associé. Ex : Sharîk b. Anas.

Sha*t*ab (شَطَب) : Annulation. Ex : Sha*t*ab al-Kindî.

Shatîr (شَتير) : Shatîr b. Na*h*âr.

Shayb (شَيْب) : Cheveux blanc. Ex : Shayb b. Sa'd.

Shayba (شَيْبَة) : Cheveux blanc ; nom d'une tribu arabe ; également : menthe, absinthe.

Shaybân (شَيْبان) : Jour froid et nuageux. Ex : Shaybân b. 'Alqama.

Shayha (شَيْحَة) : Peut-être le même sens que *shayhân*, assidu, appliqué, zélé. Ou encore de *shîh*, absinthe. Ex : Shayha al-'Awsajî.

Shaykh (شَيْخ) : Vieillard, guide, enseignant.

Shaymân (شَيْمان) : Peut-êre de *shâma*, grain de beauté. Ex : Shaymân al-Na*kh*a'î.

Shîb (شيب) : Croisé de hyène et de loup.

Shi'bal (شِعْبَل) : Ex : Shi'bal b. Ahmad al-Yamanî.

Shibâk (شِباك) : Chaîne d'un tissu ; filet à bagages ; lacis, réseau, résille.

Shibl (شِبْل) : Lionceau, louveteau ; descendant. Ex : Shibl b. Ma'bad.

Shibr (شِبْر) : Empan, parcelle de terre. Ex : Shibr b. 'Alqama.

Shi<u>h</u>âb (شِهاب) : Etoile étincelante ; trait de feu.
Ex : Ibn Shi<u>h</u>âb al-Zu<u>h</u>rî.

Shinbar (شِنْبَر)

Shi<u>s</u>âr (شِصار) : Le fait de passer un bois dans les narines d'un chameau.
Ex : Shi<u>s</u>âr al-Jinnî.

Shu'ayb (شُعَيْب) : Nom coranique du prophète Jethro — sur lui la paix —, beau-père de Moïse, et qui, contrairement à la plupart des prophètes bibliques était un prophète arabe.

Shu'ba (شُعْبَة) : Branche, canal, ruisseau. Ex : Al-Shu'ba b. al-Mughîra.

Shubayl (شُبَيْل) : Diminutif de Shibl. Ex : Shubayl b. 'Azra.

Shujâ' (شُجاع) : Courageux. Ex : Shujâ' b. Mukhallad.

Shukrî (شُكْري) : Reconnaissant.

Shûrâ (شورى) : Consultation.

Shurayh (شُرَيْح) : Diminutif de *sharh*, commentaire, dissection, exégèse. Ex : Shurayh b. Abra<u>h</u>a.

Shuwayfi' (شُوَيْفِع) : Diminutif de Shâfi', intercesseur, médiateur.

Shuways (شُوَيْس) : Diminutif de *shûs*, héros. Ex : Shuways b. Habbâsh.

Féminin

Shâbba (شابّة) (mixte) : Jeune fille.

Shadhâ (شاذة) : Arôme, parfum, senteur.

Shadhr (شَذْر) : Petites perles.

Shâdiya (شادِيَة) : Chanteuse. Masculin : Shâdî.

Shâdin (شادِن) : Petit de la gazelle, faon ; nom masculin employé comme prénom féminin.

Shadn (شَدْن) : Variété de jasmin ; nom masculin employé comme prénom féminin.

Shafîqa (شَفِيقَة) : Compatissante. Masculin : Shafîq.

Shaghaf (شَغَف) : Passion.

Shahd (شَهْد) : Miel.

Shahîda (شَهِيدَة) : Martyre, témoin. Ex : Shahîda umm Waraqa. Masculin : Shahîd.

Shahîra (شَهِيرَة) : Connue, éveillée. Masculin : Shahîr.

Shahlâ' (شَهْلَاء) : Bleu foncé, noir ; besoin.

Shajan (شَجَن) : Branches enchevêtrées ; nom masculin employé comme prénom féminin.

Shakhbara (شَخْبَرَة)

Shâkira (شاكِرَة) : Reconnaissante. Masculin : Shâkir.

Shamardal (شَمَرْدَل) (mixte) : De grande taille.

Shamîla (شَمِيلَة) : Naturel, caractère. Ex : Shamîla bint al-Hârith.

Shamîma (شَمِيمَة) : Bonne odeur ; haute, élevée.

Shammâ' (شَمّاء) : Crête d'une montagne, élevée, haute, bien faite.

Shams (شَمْس) (mixte) : Soleil ; nom féminin employé le plus souvent comme prénom masculin. Egalement employé comme composé : Shams al-Dîn.

Shaqîqa (شَقِيقَة) : Sœur, pluie, éclair.

Shaqîra (شَقِيرَة) : Rousse. Ex : Shaqîra al-Uzdiyya.

Sha'thâ' (شَعْثَاء) : Qui a les cheveux en désordre ; pieu ; cheville. Ex : Sha'thâ', l'épouse de Hassân b. Thâbit.

Shawq (شَوْق) : Passion intense.

Shîbâ' (شيباء) : Fin de la nuit.

Shifâ' (شفاء) : Guérison, remède.

Shîha (شِيحَة) : Plante aromatique au goût amer.

Shîma (شِيمَة) : Naturel, mœurs, habitudes.

Shîmâ' (شيماء) : Sœur adoptive du Prophète sur lui grâce et la paix.

Shirâf (شِراف) : Même sens que Sharaf. Shirâf était la sœur de Dihya al-Kalbî.

Shukriyya (شُكْرِيَّة) : Reconnaissante.

Shumûs (شُموس) : Soleils. Ex : Shumûs bint Mâlik.

Shurayra (شُرَيْرَة) : Petite aiguille, ou étincelle ? Ex: Shurayra bint al-Hârith.

Shurfa al-Dâr (شُرْفَة الدّار) : Balcon. Ex : Shurfat al-Dâr bint al-Hâri<u>th</u>.

Sâd
صاد

Masculin

Sa'b (صَعْب) : Difficile. Ex : Sa'b b. Jaththâma, compagnon du Prophète — sur lui la grâce et la paix.

Sabâh (صَباح) (mixte) : Matinée.

Sabbâgh (صَبّاغ) : Teinturier.

Sabbâh (صَبّاح) : Avenant. Ex : Al-Sabbâh b. Muhammad al-Bajalî.

Sabhân (صَبْحان) : Beau de visage.

Sabîh (صَبيح) : Beau, gentil, gracieux. Ex : Sabîh b. Mahriz.

Sâbir (صَابِر) : Patient, constant.

Sabûh (صَبوح) (mixte) : Repas du matin.

Sadaqa (صَدَقَة) (mixte) : Aumône. Ex : Sadaqa b. Yasâr.

Saddâm (صَدّام) : Qui repousse son ennemi.

Sâdiq (صادِق) : Sincère, désintéressé. Féminin : Sâdiqa.

Sadûq (صَدوق) : Forme intensive de Sâdiq.

Saffâr (صَفّار) : Qui travaille le cuivre. Ex : Ahmad b. ‘Ubayd al-Saffâr.

Sâfî (صَافي) : Pur.

Safiyy (صَفيّ) : Ami désintéressé ; pur, purifié, choisi ; part de butin revenant au chef.

Safûh (صَفوح) : Indulgent, pardonneur, généreux.

Safwân (صَفْوان) : Sans nuage (ciel) ; lisse (rocher).

Sâ’ib (صائِب) : Dans la vérité, qui a raison.

Sâ‘îd (صاعِد) : Qui gravit. Ex : Sâ‘id b. ‘Ubayd al-Bajalî.

Sâ’igh (صائِغ) : Orfèvre. Ex : Ahmad b. ‘Abd Allah al-Sâ’igh.

Sâ’im (صائِم) : Jeûneur.

Sakhr (صَخْر) : Rocher. Ex : Sakhr b. Badr.

Salâh (صَلاح) : Piété, vertu, rectitude.

Sâlih (صَالِح) : Pieux. Féminin : Sâliha.

Salt (صَلْت) : Imberbe, lisse, poli . Ex : Salt b. ‘Abd-Allâh b. Nawfal.

Salûh (صَلوح) : Capable, disposé.

Sa‘q (صَعْق) : Détonation, foudroiement. Ex : Sa‘q b. Hazn.

Saqr (صَقْر) : Faucon ; épervier.

Sârî‘ (صارِع) : Renversé, battu. Ex : Sarî‘ al-Dilâ’.

Sârim (صارِم) : Lion ; courageux, sévère ; tranchant (sabre).

Sa‘sa‘a (صَعْصَعَة) : De *sa‘sa‘a*, disperser, disséminer, remuer. Ex : Sa‘sa‘a b. Mu‘âwiya.

Sawwâf (صَوّاف) : Vendeur de laine.

Saydalânî (صَيْدَلاني) (al) : Pharmacien.

Sayrafî (صَيْرَفي) : Changeur de monnaie.

Sayyâh (صَيّاح) : Chanteur.

Siddîq (صِدّيق) : Forme intensive de Sâdiq.

Sila (صِلَة) : Lien, union ; don. Ex : Al-Sila b. Zufar.

Sindîd (صِنْديد) : Courageux ; pluie qui tombe à grosses gouttes.

Subayh (صُبَيْح) : Diminutif de Sabâh.

Suday (صُدَي) : De *sada’a*, rouiller ? Ex : Suday b. ‘Ajlân.

Suhayb (صُهَيْب) : Roux (diminutif).

Surad (صُرَض) : Pie-grièche. Ex : Surad b. abî al-Manâzil.

Féminin

S̲abâ (صَبا) : Vent d'Est.

S̲a'ba (صَعْبَة) : Difficile. Ex : S̲a'ba bint Jabal.

S̲abâh (صَباح) (mixte) : Matinée. Ex : al-S̲abbâh b. Muhammad al-Bajalî.

S̲abha (صَبْحَة) : Repos matinal.

S̲abîha (صَبيحَة) : Matin, matinée.

S̲abûh (صَبوح) (mixte) : Repas du matin.

S̲adaqa (صَدَقَة) (mixte) : Aumône. Ex : S̲adaqa b. Yasâr.

S̲âdiqa (صادِقَة) : Sincère, désinteressée. Masculin : S̲âdiq.

S̲afâ' (صَفاء) : Pureté.

S̲afâ (صَفى) : Rocher large, lisse et blanc.

S̲afîha (صَفيحَة) : Tôle ; feuille ; plaque ; bidon. Ex : S̲afîha bint S̲abîh.

S̲afiyya (صَفيَّة) : Part de butin revenant au chef ; palmier de grande taille.

S̲afwa (صَفْوَة) : Elite, élue ; crème, quintessence.

S̲ah̲bâ' (صَهْباء) : Rouge, rouquine.

S̲akhra (صَخْرَة) : Roche. Ex : Sakhra bint abî Jah̲l.

S̲âliha (صالِحَة) : Pieuse. Masculin : S̲âlih.

Sâmmâ’ (صامّاء) : Obstruée ; sourde. Ex : al-Sammâ’ bint Bishr.

Sibâ (صبِا) : Jeunesse, passion.

Dâd
ضاد

Masculin

***D*abâra** (ضبارة) : Force corporelle. Ex : *D*abâra b. ‘Abd Allâh.

***D*abb** (ضبّ) : Lézard. Ex : *D*abb b. Mâlik.

***D*abba** (ضَبّة) : Lézard. Ex : *D*abba b. Muh*ss*an al-‘Anzî.

***D*âbi’** (ضابِئ) : Ventre à terre. Ex : *D*âbi’ b. al-Hârith.

***D*am*d*am** (ضَمْضَم) : Rugissement du lion.

***D*ahhâk** (al) (ضَحّاك) : Forme intensive de *dâhik*, rieur. Ex : al-*D*ahhâk b. Khalîfa.

***D*amâd** (ضَماد) : Bandage, pansement (*dimad*) ? Ex : *D*amâd b. Tha‘laba.

***D*amîn** (ضَمين) : Garant.

***D*âmir** (ضَامِر): Fin de taille.

***D*amîr** (ضَمير) : Conscience.

***D*amîra** (ضَميرَة) : Conscience. Ex : *D*amîra b. Sa‘d.

Damura (ضَمُرَة) : Mince. Ex : Damura b. Bishr.

Darîh (ضَريح) : Tombe, tombeau, mausolée. Ex : Darîh b. ‘Arfaja.

Darrâb (ضَرّاب) : Intensif de *dârib*, qui frappe. Ex : Ismâ‘îl al-Darrâb.

Daw’ (ضَوْء) : Lumière. Ex : Daw al-Yashkurî.

Dimâm (ضِمام) : Attache, lien, joint. Ex : Dimâm b. Zayd.

Dirgham (ضِرْغَم) : Lion ; courageux.

Dirâr (ضِرار) : Préjudice, nocivité, nuisance. Ex : Dirâr b. al-Khattâb.

Diyâ’ (ضِياء) : Clarté.

Durays (ضُرَيْس) : Colibri. Ex : Durays al-Qaysî.

Dubay‘a (ضُبَيْعَة) : Diminutif de *dab‘*, hyène. Ex : Dubay‘a al-Tha‘labî.

Féminin

D̲abâ‘a (ضَبَاعَة) : Hyène. Ex : D̲abâ‘a bint al-Zubayr.

D̲ahwa (ضَحْوَة) : Même sens que D̲uhâ.

D̲âmira (ضَامِرَة) : Fine.

D̲ayfa (ضَيْفَة) : Hôte, invitée.

D̲iyâ’ (ضِيَاء) : Clarté.

D̲uhâ (ضُحَى) : Matinée.

T̲â’ طاء

Masculin

T̲âh̲â (طه) : L’un des noms du Prophète — sur lui la grâce et la paix.

T̲ahhân (طَحّان) : Meunier.

T̲âh̲ir (طاهِر) : Pur. Féminin : T̲âh̲ira.

T̲ah̲ûr (طَهور) (mixte) : Même sens que T̲âh̲ir.

T̲âh̲î (طاهي) : Cuisinier, boulanger ; marchand de grillades.

T̲â’î (طائِي) : De la tribu de T̲ayy.

T̲â’i‘ (طائِع) : Obéissant. Féminin : T̲â’i‘a.

T̲alha (طَلْحَة) : Banane.

T̲âlib (طالِب) : Qui demande, étudiant.

T̲allâ‘ (طَلّاع) : Pente raide ; expérimenté.

T̲âli‘ (طالِع) : Croissant de lune ; aube.

T̲alq (طَلْق) : Libre, pur (air) ; souriant.

T̲a‘ma (طَعْمَة) : Goût . Ex : T̲a‘ma b. Ibrîq al-Ansârî.

Tammâh (طَمّاح) : Ambitieux.

Tarrâh (طَرّاح) : Lieu éloigné. Ex : Yahyâ b. 'Alî al-Tarrâh.

Tarfa (طَرْفَة) : Clin d'œil ; exrtémité, bord. Ex : Tarfa b. 'Arfaja.

Târif (طارِف) : Argent fraîchement gagné.

Tarîf (طَريف) : Curieux, étrange, singulier. Ex : Tarîf b. Abbân.

Târiq (طارِق) : Qui survient de nuit ; étoile du matin ; événement.

Tarrâz (طَرّاز) : Brodeur. Ex : Muhammad b. Sa'îd al-Tarrâz.

Tawîl (طَويل) : Grand.

Tâwûs (طاوُوس) : Paon. Ex : Tâwûs, l'un des exégètes du Coran de la génération postérieure à celle des compagnons .

Tayyib (طَيِّب) : Bon, agréable, vertueux.

Tilâl (طِلال) : Collines.

Tirâd (طِراد) : Lance courte ; charge de cavaliers. Ex : Tirâd b. Muhammad al-Baghdâdî.

Tufayl (طُفَيْل) : Diminutif de *tifl*, enfant.

Tulayha (طُلَيْحَة) : Diminutif de Talha. Ex : Tulayha b. Khuwaylid, l'un des compagnons du Prophète — sur lui la grâce et la paix.

Tu'ma (طُعْمَة) : Butin, noces, récompense, aliments.

Féminin

T̲â'a (طاعة) : Obéissance.

T̲afiyya (طَفِيَّة) : Vraisemblablement éteinte. Ex : T̲afiyya bint Wah̲b.

T̲âh̲ira (طاهِرَة) : Pure. Masculin : T̲âh̲ir.

T̲ah̲ûr (طَهور) (mixte) : Même sens que T̲âh̲ira.

T̲â'i'a (طائِعَة) : Obéissante. Masculin : T̲â'i'.

T̲alâ (طَلا) : Faon.

T̲alâwa (طَلاوَة) : Beauté, perfection, charme, sortilège, joie.

T̲alla (طَلَّة) : Terre couverte de rosée, épouse, parfum, grâces, bienfaits.

T̲a'ma (طَعْمَة) : Goût. Ex : T̲a'ma bint Jarr.

T̲ârif (طارِف) : Argent fraîchement gagné.

T̲ariyya (طَرِيَّة) : Tendre. T̲ariyya était une servante de Hassân b. T̲h̲âbit.

T̲arûb (طَروب) : Joyeuse.

T̲îba (طيبَة) : Licite ; agrément, satisfaction.

T̲ûbâ (طوبى) : Joie ; bienfait ; vertu.

T̲ulayha (طُلَيْحَة) : Diminutif de T̲alh banane.

T̲urfa (طُرْفَة) : Acquisition récente, curieux, nouveau.

Ẕâ’ ظاء

Masculin

Ẕâẖir (ظاهِر) : Clair, apparent, manifeste ; l’un des Noms divins — Exalté soit-Il.

Ẕaẖîr (ظَهير) : Auxiliaire, aide. S’emploie parfois composé. Ex : Ẕahîr al-Dîn. Féminin : Ẕaẖîra.

Ẕabyân (ظَبْيان) : Gazelle.

Ẕafar (ظَفَر) : Victoire, réussite. Ex : Ẕafar b. Duẖâ’. Féminin : Ẕafra.

Zâfir (ظافِر) : Victorieux. Féminin : Ẕâfira.

Ẕarîf (ظَريف) : Gracieux, spirituel, fin. Féminin : Ẕarîfa.

Ẕilâl (ظلال) (mixte) : Ombre, protection.

Ẕuẖayr (ظُهَيْر) : Diminutif de Ẕâẖir.

On peut également noter que le nom Ẕâlim, tyran, oppresseur, était porté par un grand nombre de contemporains du Prophète — sur lui la grâce et la paix —, mais que la signification qui lui est attachée rend son usage impossible.

Féminin

Ẕabya (ظَبْيَة) : Gazelle ; également employé au pluriel Ẕibâ.

Ẕafra (ظَفْرَة) : Victoire, réussite. Masculin : Ẕafar. Ex : Ẕafra b. Duẖâ'.

Ẕâfira (ظافِرَة) : Victorieuse. Masculin : Ẕâfir.

Ẕaẖîra (ظَهِيرَة) : Auxiliaire, aide. Masculin : Ẕaẖîr.

Ẕamyâ' (ظَميَاء) : Assoiffée ? Ex : Ẕamyâ' bint Ashras.

Ẕarîfa (ظَرِيفَة) : Gracieuse, spirituelle, fine. Masculin : Ẕarîf.

Ẕilâl (ظِلال) (mixte) : Ombre, protection.

‘Ayn
عَين

Masculin

‘Abâ’a (عَباءة) : Espèce de tunique en laine sans manches.

‘Abbâd (عَبَّاد) : Forme intensive de *‘Âbid* : dévot, serviteur. Egalement : ‘Abbûd.

‘Abbâr (عَبَّار) : Qui interprète les rêves ; qui voyage fréquemment, endurant à la marche.

‘Abbâs (عَبَّاس) : Le lion qui est craint des autres lions ; très grognon, renfrogné, rébarbatif. Ex : Al-‘Abbâs l’un des oncles du Prophète.

‘Abd (عَبْد) : Esclave, homme ; plante odoriférante ; couteau, lame ; s’emploie généralement comme nom composé devant un Nom divin, exemple : ‘Abd al-Qâdir, ‘Abd al-Ghaniyy, etc.

‘Abdân (عَبْدَان) : Duel de ‘Abd.

‘Abdûs (عَبْدوس) : Egalement dérivé de ‘Abd.

‘Âbid (عابِد) : Dévot, serviteur.

'Âbidîn (عابِدِين) : Pluriel de 'Âbid

'Abîda (عَبِيدَة) (mixte) : Servant(e), esclave.

'Âbil (عابِل) : épais, gras, costaud.

'Abir (عابِر) : Ephémère, passager, fugace, voyageur.

'Âbis (عابِس) : Même sens que 'Abbâs qui en est la forme intensive.

'Abs (عَبْس) : Contraction de 'Âbis.

'Âd (عاد) : Ancienne tribu arabe mentionnée dans le Coran.

'Adanî (عَدَني) : Originaire de 'Adn, capitale du Yémen ; de mœurs policées. Nom de généalogie.

'Addâ' (عَدّاء) : Rapide à la course. Ex : Al-'Addâ' b. Khâlid b. _H_ûdha, l'un des compagnons du Prophète — sur lui la grâce et la paix.

'Âdil (عادِل) : Juste, équitable.

'Adnân (عَدْنان) : Habitant, sédentaire, à demeure. Ancêtre du Prophète — sur lui la grâce et la paix.

'Adiyy (عَدِيّ) : Troupe d'hommes accourant au combat ; prénom du fils de Hâtim al-_T_â'iyy, converti à l'Islam après la prise de la Mecque.

'Afâf (عَفاف) : Continence.

'Affân (عَفّان) : Qui s'abstient du vice. Ex : 'Uthmân b. 'Affân.

'Afîf (عَفِيف) : Continent, chaste. Féminin : 'Afîfa. Ex : 'Afîf al-Dîn al-Talmasânî.

'Âfiya (عافِيَة) : Santé, salut, préservation. Nom féminin employé comme prénom masculin.
Ex : 'Afiya b. Zayd al-Qâ*d*î.

'Â'idh Allah (عائِذ اللّه) : Qui demande la protection de Dieu ; nom d'Abû Muslim al-Khawlânî.

'Ajîba (عَجيبَة) : Miracle. Bien que féminin, ce nom est utilisé pour les prénoms masculins. Ex : le soufî Ibn 'Ajîba.

'Ajlân (عَجْلان) : Furtif, rapide, prompt.

'Âkif (عاكِف) : Appliqué, assidu, attaché, qui consacre son temps à, permanent.

'Alâ' (عَلاء) : Elévation ; parfois composé avec le mot al-Dîn : 'Alâ' al-Dîn.

'Âlam (عالَم) : Univers, création, monde.

'Alawiyy (عَلَوي) : Descendant des Alides.

'Âlî (عالي) : Haut, élevé ; l'un des Noms divins.

'Alî (علي) : Elevé ; prénom du cousin et gendre du Prophète qui sera le quatrième Calife de l'Islam.

'Âlim (عالِم) : Savant, l'un des Noms divins ; peut s'employer comme nom composé : 'Abd al-'Âlim.

'Alîm (عَليم) : Forme intensive du précédent : mêmes remarques. Non composé, il est d'usage courant en Egypte.

'Allâf (عَلّاف) : Marchand de foin. Ex : Yahyâ b. Ayyûb al-'Allâf.

'Allâl (عَلّال) : Grand buveur. Ex : 'Allâl al-Fâsî.

'Allâm (عَلّام) : Très savant ; 'Allâm al-Ghuyûb (le Connaissant des "secrets") est un des Noms divins.

'Allân (عَلّان) : Qui proclame ouvertement.

'Alqama (عَلقَمة) : Coloquinthe, amertume ; nom de certains compagnons du Prophète — sur lui la grâce et la paix. Nom féminin employé pour les hommes.

'Alyâ' (عَلياء) : Endroit élevé ; sommet de la montagne, les cieux, l'élévation.

'Alyân (عَليان) : Grand et fort.

'Amâr (عَمار) : Plante odoriférante, fleurs, couronne, salutation.

'Amîd (عَميد) : Colonne ; chef ; opprimé.

'Âmir (عامِر) : Bâtisseur, habitant, sédentaire, dévot zélé, plein, construit, d'un âge avancé, visité, fourrure de hyène.

'Ammâr (عَمّار) : Bâtisseur, pieux, dévot, respectable, qui fait usage de parfums, loyal, de bonne réputation.

'Amr (عَمْرو) : Longue vie ; construction, ; habitat ; dévotion.

'Anbar (عَنْبَر) : Ambre, bouclier fabriqué dans le cuir du cachalot ; lieu où l'on stocke les provisions ; caserne; hôpital.

'Antar (عَنْتَر) : Mouche bleue. Ex : 'Antar ibn Shaddâd, héros anté-islamique.

'Antara (عَنْتَرة) : Nom d'unité du précédent. Nom féminin utilisé pour les hommes.

'Andalîb (عَنْدَلِيب) : Rossignol.

'Anbasa (عَنْبَسَة) : Lion ; homme brave, courageux.

'Âqil (عَاقِل) : Intelligent, sage, concevable, qui s'acquitte du prix du sang ; bouquetin.

'Aqîqa (عَقِيقَة) : Cheveux du nouveau-né ; mouton que l'on sacrifie à la naissance d'un enfant ; fleuve ; enchères.

'Aqqâd (عَقَّاد) : Mercier ; qui contracte de nombreux contrats.

'Aqqâr (عَقَّار) : Improductif, stérile ; intensif de 'Âqir.

'Arabî (عَرَبي) : Arabe (nom de relation) ; de race arabe.

'Ar'ara (عَرْعَرَة) : Bouchon, agitation, jeu d'enfant, peau de tête.

'Arfaja (عَرْفَجَة) : Epineux qui croît dans les plaines.

'Arafa (عَرَفَة) : Connaissance.

'Arafât (عَرَفات) : Principal rite du pèlerinage, la station de 'Arafât se déroule le neuf du mois de Dhû al-Hijja ; bien que féminin ce nom est utilisé pour les prénoms masculins. Même sens : 'Arafa.

'Ârif (عَارِف) :Très patient, connaissant, bienfait.

'Asâkir (عَساكِر) : Militaires. Ex : L'historien ibn 'Asâkir.

'Â<u>sh</u>iq (عاشِق) : Amoureux, éperdu, passionné.

‘Âs̲h̲ûr (عاشور) : Le dixième jour du mois de Muharram ; jour du martyre de sayyidnâ al-Hussayn ; davantage employé comme nom de famille (généalogie).

‘Âs̲s̲ (عاصّ) : Désobéissant : nom employé avant l’Islam. Ex : le célèbre compagnon ‘Amr b. al-‘Âs̲s̲.

‘Assâl (عَسّال) : Apiculteur. Ex : Ahmad al-‘Assâl.

‘Âs̲im (عاصِم) : Protecteur, sauveur.

‘Âs̲î (عاصي) : Désobéissant, contrevenant ; cf : ‘Âs̲s̲.

‘Âs̲îda (عَصيدَة) : Bouillie ; purée. Ex : Ahmad abû ‘As̲îda.

‘Asqalânî (عَسقلاني) : Nom de lieu, de ‘Asqalân en Palestine.

‘At̲â (عَطاء) : Don ; même sens : ‘At̲â’.

‘Atâẖiyya (عَتاهِيَّة) : Désir, passion ; stupidité, égarement, idiotie. Nom féminin employé comme prénom masculin. Ex : le poète Abû al-‘Atâẖiyya.

‘Atâqa (عَتاقة) : Affranchissement, libération.

‘At̲awî (عَطَوي) : De *‘at̲â’*, don. Nom d’un poète abbasside.

‘At̲h̲/t̲h̲âm (عَثّام) : Rebouteux.

‘Ât̲ir (عاطِر) : Parfumé, amateur de parfum.

‘Ât̲if (عاطِف) : Sentimental ; pagne.

‘Âtik (عاتِك) : Généreux, sans mélange, pur.

'Âtiq (عاتِق) : Vin vieux, affranchi, vieil arc au bois noirci ; jeune fille à la fleur de l'âge, épaule, poussin, cheval de course rapide.

'Atîq (عَتيق) : Noble, généreux, affranchi, ancien ; le faucon; 'Atîq était le surnom d'Abû Bakr.

'Attâb (عَتّاب) : Forme intensive de 'Âtib : détracteur, censeur.

'A*tt*âf (عَطّاف) : Compatissant.

'A*tt*âr (عَطّار) : Parfumeur, parfumé. Ex : le célèbre poète soufi Farîd al-Dîn al-'Attâr.

'Â*t*ûf (عَطوف) (mixte) : Miséricordieux, bienveillant, compatissant.

'Awâm (عَوام) : Le commun.

'Awâna (عَوانَة) : Grand palmier ; sorte de vers ; sorte de hérisson. Ex : Ishâq abû 'Awâna.

'Awf (عَوْف) : Lion, loup, coq, situation, hôte, chance, qui prend sa famille en charge ; pour un rapace, action : planer, évoluer en cercles avant de fondre sur sa proie. Ex : le compagnon du Prophète — sur lui la grâce et la paix — 'Abd al-Rahmân b. 'Awf.

'Awn (عَوْن) : Aide. Ex : 'Awn b. Na*d*la.

'Awsaja (عَوْسَجَة) : Roncier, mûrier sauvage. Ex : 'Awsaja al-Makkî, client d'Ibn 'Abbâs.

'Awwâd (عَوّاد) : Fabriquant de cannes ou de flûtes ; qui visite les malades.

'Awwâm (عَوّام) : Nageur.

'Ayyâr (عَيَّار) : Qui court ; qui erre ; rusé, voleur, brigand, émeutier. Ex : Sa'îd b. Ahmad al-'Ayyâr.

'Ayyâsh (عَيَّاش) : Plein de vie ; boulanger.

'Azzâm (عَزَّام) : Lion, fermement décidé.

'Azîz (عَزِيز) : Puissant, honoré, respecté, rare, précieux, vainqueur, roi : un des Noms divins ; sert à former le nom composé 'Abd al-'Azîz.

'Azra (عَزْرَة) : Blâme ; nom féminin employé comme prénom masculin.

'Îd (عِيد) : Fête, saison ; souvent employé comme nom de famille.

'Ikrâsh (عِكْرَاش) : Lièvre femelle ; vieille femme ; plante qui étouffe les palmiers.

'Ikrima (عِكْرِمَة) : Ex : 'Ikrima b. Abî Ja*h*l ; nom de forme féminine, mais utilisé pour les hommes.

'Ilbâ' (عِلْبَاء) : Muscle sur le côté du cou.

'Imâd (عِمَاد) : Soutien, support, constructions élevées, général, colonne.

'Imâra (عِمَارَة) : Construction. Ex : 'Imâra b. Hamza al-*H*âshimî.

'Imrân (عِمْرَان) : Ex : Dans le Coran, la sourate Âl 'Imrân, la Famille de 'Imrân.

'Irâk (عِرَاك) : Combat, échaffourée. Ex : 'Irâk b. Mâlik al-Ghifârî.

'Irbâd (عِرْبَاض) : Ex : 'Irbâ*d* b. Sâriya, compagnon du Prophète — sur lui la grâce et la paix.

'Irfân (عِرْفان) : Connu, connaissance, perception, intelligence.

'Îsâ (عِيسى) : Jésus en arabe ; le nom arabe est l'homonyme du nom araméen Yasû'.

'Isl (عِسل) : Qui prend soin des troupeaux.

'I<u>s</u>âm (عِصام) : Pacte, contrat ; collyre ; cordon d'une gourde.

'Itq (عِتْق) : Honneur, noblesse, pureté des origines, beauté, liberté, ancienneté, primordialité, force. Egalement : affranchissement, libération.

'Itrîs (عِتريس) : Rusé, usurpateur, puissant, contraignant, tyrannique ; malheur, calamité.

'Iyâ*d* (عِياض) : Dédommagement, compensation, indemnité, équivalent.

'Iyâ<u>*dh*</u> (عِياذ) : Refuge, protection, secours.

'Izz (عِزّ) : Puissance, fierté.

'Ubâda (عُبادَة) (mixte) : Même sens que 'Ibâda : servitude. Ex : Le compagnon du Prophète — sur lui la grâce et la paix — 'Ubâda b al-<u>S</u>âmit.

'Ubayd (عُبَيد) : Diminutif de 'Abd : serviteur, esclave.

'Ubayda (عُبَيْدَة) : Même sens. Ex : 'Ubayda b. al-Jarrâh.

'Ubays (عُبَيْس) : Diminutif de 'Abs, sévère, renfrogné.

'Ufayr (عُفَيْر) : Diminutif de 'Âfir : poussiéreux.

‘Ujayr (عُجَيْر) : Nodule.

‘Ulayl (عَلَيْل) : Sans signification particulière.

‘Umrân (عُمْران) : Bâtiment ; moyens de subsistance tels que l’agriculture, l’industrie et l’habitat.

‘Umar (عُمَر) : Dérivé de ‘Amr.

‘Umâra (عُمارَة) : Salaire ; frais de culture ; frais d’entretien d’un édifice.

‘Umayr (عُمَيْر) : Diminutif de ‘Umar.

‘Unfuwân (عُنْفُوان) (mixte) : Force (de l’âge), début, commencement.

‘Uqayl (عُقَيْل) : Diminutif de *‘aql*, intellect ; également ‘Uqaylî (عُقَيْلي), nom attributif de ‘Uqayl.

‘Uqba (عُقْبَة) : Issue, fin ; remplaçant ; la nuit ou le jour ; nom féminin employé comme prénom masculin.

‘Uqda (عُقْدَة) : Nœud, lien.

‘Urûba (عُرُوبَة) : Arabité.

‘Urwa (عُرْوَة) : Ganse, anse ; banlieue, environs d’une ville; boutonnière ; arbre touffu ; précieux (bien) ; fiable ; lion. Bien que féminin, ce nom est utilisé pour les prénoms masculins. Ex : ‘Urwa b. Zubayr, frère de ‘Abd Allâh b. Zubayr.

'Uryânî (عُريانـي) : De 'Uryân, qui signifie nu. Avec un yâ (î), c'est un nom de "généalogie".

'U<u>s</u>fûr (عُصفور) : Oiseau ; roi, seigneur, livre.

'Utbâ (عُتْبى) : Agrément, satisfaction ; nom de certains compagnons du Prophète — sur lui la grâce et la paix. Bien que de forme féminine, ce nom est employé pour les hommes.

'Utba (عُتْبَة) (mixte) : Vallée en contrebas.

'U<u>*th*</u>mân (عُثْمان) : Serpent, petit du serpent ; petit de l'outarde. 'Uthmân fut le troisième calife de l'Islam.

'Uzzâ (عُزّى) : Puissante, noble ; avant l'Islam, nom d'une des principales idoles adorées par les Arabes, et mentionnée à ce titre par le Coran. Pour cette raison, ce nom est devenu prohibé.

'Uwaymir (عُوَيْمِر) : Diminutif de 'Âmir.

'Uyayna (عُيَيْنَة) : Aux petits yeux ; nom féminin employé pour les hommes.

Féminin

‘Abada (عَبَدَة) : Fierté ; force ; graisse.

‘Abîda (عَبِيدَة) (mixte) : Servante, esclave.

‘Ablâ’ (عَبْلاء) : Rocher blanc et dur.

‘Ablâ (عَبْلَى) : Grosse, épaisse, charnue.

‘Abiya (عَبِيَة) : Belle femme.

‘Afîfa (عَفِيفَة) : Chaste, continente, qui a de la retenue.

‘Afrâ’ (عَفْراء) : Terre blanche ; gazelle blanche ; treizième nuit du mois lunaire.

‘A*h*d (عَهْد) : Pacte, fidélité, garantie, blanc-seing, amitié ; nom masc. employé pour les prénoms féminins.

‘Â’isha (عائِشَة) : La vivante ; prénom de l’épouse préférée du Prophète — sur lui la grâce et la paix.

‘A’ida (عائِدَة) : Bienfait, don, profit, bénéfices.

‘Ajala (عَجَلَة) : Diligence, empressement. Ex : ‘Ajala bint ‘Ajlân.

‘Ajmâ’ (عَجْماء) : Etrangère, non-arabe. Ex : Al-‘Ajmâ’ al-An*s*âriyya.

‘Alîla (عَلِيلَة) : Femme parfumée.

‘Âliya (عالِيَة) : Amont (d’un fleuve), lieu élevé, pointe (lance), chute d’eau.

‘Alyâ’(عَلْياء) : La plus haute, élevée.

'Âmila (عاملَة) (mixte) : Pointe de lance ; gouverneur.

'Âmira (عامِرَة) : Bâtisseuse ; habitante ; sédentaire ; dévote ; zélée ; pleine ; construite ; d'un âge avancé ; visitée ; fourrure de hyène.

'Anba (عَنْبَة): Grain de raisin.

'Ankâ' (عَنْكاء) : Ex : 'Ankâ' bint abî Sufra.

'Anqâ'(عَنْقاء) : Sommet de la colline ; intelligent, génial ; phénix.

'Âqila (عاقِلَة) : Camériste, coiffeuse ; intelligence vive ; parenté d'un homme (du côté paternel).

'Aqîla (عَقيلَة) : Epouse, femme ; moitié. Ex : 'Aqîla bint 'Atîk.

'Aqrab (عَقْرَب) : Scorpion. Ex : 'Aqrab bint Mu'âdh.

'Arabiyya (عَرَبيَّة) : Langue arabe.

'Ârifa (عارِفَة) : Don, bienfait.

'Arûb (عَروب) : Femme aimée de son mari ; femme qui rit fréquemment.

'Âsima (عاصِمَة) : Capitale.

'Asmâ' (عَصْماء) : Féminin de *a'sam*, merle blanc. Ex : 'Asmâ' bint Hibbân.

'Atiyya (عَطيَّة) : Don, cadeau.

'Âtifa (عاطِفَة) : Sentiment, perception, compassion, parenté.

'Âtika (عاتِكَة) : Même sens que 'Âtiqa ; parfumée.

‘Âtiqa (عاتقة) : Belle.

‘Atûf (عَطوف) (mixte) : Miséricordieuse, bienveillante, compatissante.

‘Awâd (عَواد) : Vertu, bienfait, miséricorde, excellence.

‘Awrâ’ (عَوْراء) : Féminin de A‘war, borgne. Ex : Al-‘Awrâ’ bint abî Ja<u>h</u>l.

‘Ayn (عَيْن) : Œil. Ex : ‘Ayn al-<u>Sh</u>ams al-<u>Th</u>aqafiyya.

‘Azza (عزّة) : Petite gazelle femelle.

‘Azîza (عَزيزة) : Fière, puissante. Ex : ‘Azîza bint abî-La<u>h</u>ab.

‘Iffa (عِفّة) : Continence, propreté, chasteté, érémitisme.

‘Imâra (عِمارَة) : Bâtiment, édifice. Ex : ‘Imâra bint abî Ayyûb.

‘Î<u>sh</u>a (عيشَة) : La vie.

‘I<u>s</u>ma (عِصْمَة) : Impeccabilité, perfection, fierté, murailles, protection.

‘Izza (عِزّة) : Puissance ; fierté. Ex : ‘Izza bint Khâbil.

‘Ubâda (عُبادَة) (mixte) : Même sens que ‘Ibâda : servitude. Ex : ‘Ubâda bint abî-Nâ’ila.

‘Ulâ (عُلى) : Elévation.

‘Ulayya (عُلَيَّة) : Diminutif de ‘Ulâ.

'Ulyâ (عُليا) : Endroit élevé d'où l'on domine le paysage.

'Umâra (عُمارَة) : Féminin de 'Umar. Ex : 'Umara bint al-Rabî'.

'Umayra (عُمَيْرَة) : Diminutif de 'Umara.

'Unqûda (عُنْقودَة) : Grappe de raisin. Une servante de 'Â'isha avait nom 'Unqûda.

'U*s*ayma (عُصَيْمَة) : Diminutif de 'I*s*ma.

'Utba (عُتْبَة) (mixte) : Vallée en contrebas. Ex : 'Utba bint Zurâra.

'Uwaymira (عُوَيْمِرَة) : Diminutif de 'Âmira.

'Uwaysh (عُوَيْش) : Diminutif de 'Â'isha.

Ghayn
غَين

Masculin

Ghabara (غَبَرَة) : Poussière.

Gha*d*anfar (غَضَنْفَر) : Lion ; au corps épais.

Ghâdî (غادي) : Lion.

Ghâ*d*î (غاضي) : Abondant ; en bon état, en bonne condition ; sombre (nuit).

Ghadîra (غَدِيرَة) (mixte) : Tresse ; employé comme nom de famille.

Ghaffâr (غَفّار) : Qui pardonne très volontiers ; l'un des Noms divins. Dans ce cas le nom est bien entendu composé en 'Abd al-Ghaffâr.

Ghâfir (غافِر) : Celui qui pardonne, l'un des Noms divins. Peut s'employer composé 'Abd al-Ghâfir.

Ghafûr (غَفور) : Qui pardonne très volontiers ; l'un des Noms divins qui s'emploie également composé : 'Abd al-Ghafûr.

Ghâlî (غالي) : Cher, coûteux.

Ghâlib (غالب) : Vainqueur. Nom d'une tribu arabe et d'un des ancêtres du Prophète — sur lui la grâce et la paix.

Ghamr (غَمْر) : Déluge, flots ; richesses ; inondation. Ex : Ghamr al-Jumahî.

Ghânim (غانم) : Qui s'empare d'un butin ; qui fait une prise. Ex : Ghânim b. Ahmad al-Isbahânî.

Ghaniyy (غنيّ) : Riche, indépendant, auto-suffisant, souverain ; l'un des Noms divins. S'emploie comme composé : 'Abd al-Ghaniyy ; on peut le trouver toutefois sous une forme non composée. Ex : Ghaniyy b. Qutb.

Ghannâm (غَنّام) : Intensif de Ghânim. Ex : Ghannâm abû 'Umar. Féminin : Ghannâma.

Gharfa (غَرْفَة) : Poignée, puisée d'eau. Ex : Gharfa b. al-Harth al-Kindî.

Gharîb (غَريب) : Etrange, étranger ; étonnant, inhabituel.

Gharqada (غَرْقَدَة) : Blanc d'œuf ; variété d'épineux.

Gha<u>sh</u>mîr (غَشْمير) : Ex : Gha<u>sh</u>mîr b. Khura<u>sh</u>a.

Gharsiyya (غَرْسيَّة) : Nom arabo-andalou probablement dérivé de *gharasa* planter. Ce nom est peut-être à l'origine du nom espagnol très répandu : Garcia.

Ghassâl (غَسّال) : Laveur. Ex : Al-Mubârak b. al-Hussayn al-Ghassâl.

Ghassân (غَسّان) : Fleur de l'âge ; pensées secrètes.

Ghassânî (غسّاني) : Très beau ; descendant des rois ghassanides.

Ghaylân (غَيْلان) : De *ghâla*, allaiter ?

Ghayth (غَيْث) : Secours, recours ; pluie ; herbe qui pousse immédiatement après la pluie, nuage.

Ghayyith (غَيِّث) : Pluvieux.

Ghazâra (غزارة) : Abondance, multiplicité.

Ghazawân (غَزَوان) : Assaillant.

Ghazba (غَزْبة) : Ex : Ghazba b. Sawâd.

Ghâzî (غازي) : Conquérant, envahisseur.

Ghazya (غزيَة) : Attaque, invasion, raid.

Ghazzâl (غَزّال) : Qui compose des poèmes galants.

Ghifâr (غفار) : Trait qui souligne la beauté du visage ; nom d'une tribu arabe.

Ghiyâth (غِياث) : Pluie, aide, secours, cadeau, et de manière générale tout ce qui est secourable.

Ghu*d*ayf (غُضَيْف)

Ghulâm (غُلام) : Jeune homme.

Ghunaymî (غُنَيْمي) : Nom de relation, diminutif de *ghunm*, butin.

Ghundûr (غُنْدور) : Beau jeune homme ; bellâtre, dandy. On trouve également Ghundur.

Ghu*s*n (غُصْن) : Branche.

Féminin

Ghâda (غادَة) : Femme à la peau douce ; arbre vert.

Ghadîra (غَديرَة) (mixte) : Tresse ; souvent employé comme nom de famille.

Ghâdiya (غادِيَة) : Nuage en formation.

Ghadaq (غَدَق) : Abondante (eau) ; nom masculin employé comme prénom féminin.

Ghadîr (غَدير) : Etang, marais, fleuve ; nom masculin employé comme prénom féminin.

Ghafîla (غَفيلَة) : Etourdie.

Ghâliya (غالِيَة) : Mélange de plusieurs parfums.

Gharrâ' (غَرّاء) : Noble, généreuse, vertueuse.

Ghâ<u>th</u>ina (غاثِنَة)

Ghayad (غَيَد) : Elasticité, flexibilité, souplesse.

Ghaydâ' (غَيْداء) : D'abord facile ; au cou penché ; seigneurie.

Ghazâl (غَزال) : Gazelle.

Ghazâla (غَزالَة) (mixte) : Le soleil à son lever.

Ghazal (غَزَل) : Galanterie, poésie galante, poésie courtoise ; nom masculin employé comme prénom féminin.

Ghufrân (غُفْران) : Pardon, indulgence, tolérance ; nom masculin employé comme prénom féminin.

Ghumay*d*â' (غُمَيْضاء)

Ghumays̲â’ (غُمَيْصاء)

Ghunya (غُنَيَة) : Richesse, opulence ; indépendance.
Ex : Ghunya bint abî Ih̲âb.

Ghurra (غُرَّة) : Tache blanche au front d’un cheval ; visage humain ; naissance du croissant de lune ; seigneur de la troupe.

Ghuzayla (غُزَيْلَة) : Petite gazelle.

Fâ’
فاء

Masculin

Fa*d*âla (فَضالَة) : Excédent, superflu, reliquat. Ex. : Fa*d*âla b. ‘Umayr, l’un des compagnons du Prophète — sur lui la grâce et la paix.

Fadfad (فَدْفَد) : Cri, vocifération. Ex : Fadfad b. Khanâfa al-Bakrî.

Fâdî (فادي) : Qui rachète les prisonniers contre rançon ; rédempteur.

Fâ*d*il (فاضِل) : Excellent, vertueux ; superflu.

Fa*d*l (فَضْل) : Vertu, excellence. Ex : al-Fa*d*l b. ‘Abbâs.

Fa*h*d (فَهْد) : Guépard.

Fa*h*îm (فَهِيم) : Très intelligent.

Fahl (فَحْل) : Mâle, supérieur, éminent.

Fâ’id (فائِد) : Intérêt, efficacité, gain. Ex : al-Fâ’id b. ‘Umâra.

Fâ’iq (فائِق) : Supérieur, de bonne qualité.

Fâ’iz (فائِز) : Qui réussit.

Fajr (فَجْر) (mixte) : Aube ; parfois composé : Fajr al-Dîn.

Fâkhir (فاخِر) : Exquis, luxueux ; splendide, superbe, somptueux.

Fakh/khâr (فَخّار) : Vantard ; argile ; terre à potier ; poterie.

Fakhr (فَخْر) : Fierté. Souvent employé composé. Ex : Fakhr al-Dîn al-Râzî.

Fâki<u>h</u> (فاكِه) : Badin, enjoué, facétieux ; aisé. Ex : al-Fâki<u>h</u> b. al-Sakan, l'un des compagnons du Prophète — sur lui la grâce et la paix.

Falâh (فَلاح) (mixte) : Salut, réussite, succès, prospérité, bonheur, délivrance.

Fallâs (فَلّاس) : Changeur.

Faqî*h* (فَقيه) : Juriste ; d'esprit vif.

Far' (فَرْع) : Branche, ramification.

Farah (فَرَح) (mixte) : Joie ; cérémonie de noces.

Faraj (فَرَج) : Soulagement, consolation ; détente, contentement.

Farazdaq (فَرَزْدَق) : Morceau de pâte ; pain qui vient juste d'être cuit.

Farghân (فَرْغان) : Récipient assez large.

Farha (فَرْحَة) (mixte) : Joie, fête, réjouissance ; on trouve également la forme Farhât.

Far<u>h</u>ad (فَرْهَد) : Beau jeune homme, bien en chair.

Farhân (فَرْحان) : Joyeux.

Fâri*d* (فارِض) : Homme puissant, imposant ; ancien ; qui s'y connaît en matière d'héritages. Ex : 'Umar b. al-Fâri*d*.

Farîd (فَريد) : Unique, isolé ; perles qui séparent les bijoux en or des perles précieuses ; joyaux, perles disposées sur un collier.

Fâris (فارِس) : Cavalier, chevalier ; lion ; compétent, habile ; Perse.

Farrâ' (al) (فَرّاء) : Marchand de fourrures ; fourreur.

Farûkh (فَروخ) : Peut-être de *furûkh*, poussin, germe. Ex : Farûkh, serviteur de 'Umar.

Fârûq (فاروق) : Qui distingue la vérité de l'erreur ; surnom de 'Umar b. al-Khattâb, deuxième Calife de l'Islam.

Farwa (mixte) (فَرْوَة) : Fourrure, couronne, voile, scalp. Ex : Farwa b. 'Âmir.

Fatâ (فَتَى) : Jeune homme.

Fath (فَتْح): Victoire, ouverture. Ex : Fath, le serviteur de Tamîm al-Dârî.

Fâtih (فاتِح) : Victorieux, contraignant.

Fâtik (فاتِك) : Hardi, téméraire ; nom d'un héros arabe chanté par al-Mutannabî.

Fâ*t*in (فاطِن) : Intelligent, vif, astucieux, sagace, subtil.

Fattâh (فَتّاح) : Qui ouvre toutes les portes ; gouverneur, juge ; conquérant, victorieux ; l'un des Noms divins. S'emploie composé : 'Abd al-Fattâh.

Fa*t*în (فَطين) : Intelligent, vif, habile.

Fawwâz (فَوّاز) : Qui a de la réussite.

Fawz (فَوْز) : Réussite, salut.

Fay*d* (فَيْض) : Débordement, effusion. Ex : Al-Fay*d* b. abî *S*âlih.

Fay*s*al (فَيْصَل) : Gouvernant, juge, séparation, limite, tranchant, décisif (argument) ; tranchant (d'une épée).

Fayyâ*d* (فَيّاض) : Qui déborde, qui coule en abondance, très généreux.

Fazar (فَزَر) : Action de déchirer, excroissance. Ex : Al-Fazar b. Ma*h*zam.

Fidâ' (فِداء) (mixte) : Rançon. Ex : Abû al-Fidâ'.

Fi*h*r (فِهْر) : Pierre ; nom d'un des ancêtres du Prophète — sur lui la grâce et la paix — et d'une tribu arabe.

Fîl (فيل) : Eléphant. Ex : Shaddâd b. Sharhabîl surnommé al-Fîl.

Firâs (فِراس) : Lion.

Fir'awn (فِرْعَوْن) : Pharaon ; tyrannique ; contraignant, arrogant ; bien qu'il soit revêtu d'une connotation plutôt péjorative, on trouve parfois des gens qui portent ce *laqab* (surnom). Ex : Mouloud Fir'awn.

Fi*t*hal (فطْحَل) : Grand savant ; torrent impétueux.

Fi*t*r (فطْر) : Rupture du jeûne.

Fityân (فتْيان) : Jeune homme.

Fu'âd (فؤاد) : Cœur, intellect, siège de l'intuition.

Fu*d*ayl (فُضَيْل) : Diminutif de Fa*d*l. Ex : Al-Fu*d*ayl b. Nu'mân

Fujay' (فُجَيْع) : Diminutif de *fâji'*, frappé par le malheur ; malheur, affliction.

Furât (فُرات) : Eau douce ; mer ; Euphrate.

Fur*h*ûd (فُرْهود) : Lionceau ; petit de l'élan, du chamois ou de la brebis.

Furqân (فُرْقان) : Discernement ; argument ; preuve ; matin ; victoire ; magie ; enchantement ; un des noms du Coran lequel peut être envisagé sous son double aspect de synthèse (révélée en une seule "nuit" : *qurân*) et de récit détaillé (*furqân*) établissant une discrimination entre les êtres, et constituant à ce titre une preuve ou un argument favorable aux uns et défavorable aux autres. C'est sous ce dernier aspect que le Coran a été révélé sur une période de vingt-trois ans au Prophète de l'Islam — sur lui la grâce et la paix.

Fuzârî (فُزاري) : Nom d'une tribu arabe peut-être en relation avec *fazâra*, la panthère.

Féminin

Fa<u>d</u>îla (فَضِيلَة) : Vertu, faveur ; excellence : titre honorifique attribué entre autres aux savants de l'Islam (dans ce cas masc.).

Fajr (فَجْر) (mixte) : Aube.

Fâkhita (فاخِتَة) : Pigeon ramier. Ex : Fâkhita bint abî Tâlib.

Fâki<u>h</u>a (فاكِهَة) : Badine, enjouée, facétieuse ; aisée ; plaisanterie. Ex : Fakî<u>h</u>a bint al-Sakan.

Falâh (فَلاح) (mixte) : Salut, réussite, succès, prospérité, bonheur, délivrance.

Falak (فَلَك) : Corps céleste ; orbite ; vague.

Fanan (فَنَن) : Branche droite.

Farah (فَرَح) (mixte) : Joie ; cérémonie de noces.

Farha (فَرْحَة) (mixte) : Joie, fête, réjouissance.

Fâri'a (فارِعَة) : Grande ; élevée. Ex : Fâri'a bint al-<u>S</u>alt.

Farîda (فَرِيدَة) : Féminin du précédent ; perle précieuse.

Farîza (فَرِيزَة) : Chemin ; séparation.

Farwa (فَرْوَة) (mixte) : Fourrure, couronne, voile, scalp. Ex : Farwa bint al-Hârith.

Fâtiha (فاتِحَة) : Celle qui ouvre ; préliminaire. Première sourate du Coran.

Fâṯima (فاطِمة) : La chamelle qui sèvre son nouveau-né.

Fâtin (فاتِن) : Plaisant, séducteur ; source de trouble ; attirant.

Fayhâ' (فَيْحاء) : Maison spacieuse.

Fayrûz (فَيْروز) : Bleu-vert ; turquoise.

Fidâ' (mixte) (فِداء) : Rançon. Ex : Abû al-Fidâ'.

Fi*dd*a (فِضّة) : Argent (métal).

Firdaws (فِرْدَوْس) : Paradis ; jardin, prairie verdoyante ; région de vignobles ; vallée fertile.

Full (فُلّ) : Variété de jasmin, seringa.

Futûn (فُتُون) : Etonnement, engouement, fascination, attirance.

Qâf
قاف

Masculin

Qabbâ‘ (قَبّاع) : Timide. Ex : Al-Hârith al-Qabbâ‘.

Qabâth (قَباث)

Qabbâb (قَبّاب) : Lion. Ex : ‘Abd-Allah b. Muhammad al-Qabbâb.

Qabbânî (قَبّاني) : Qui fait une pesée ; fiable. Ex : Muhammad al-Qabbânî.

Qabîl (قَبيل) : Année à venir ; disposé à, préparé à recevoir.

Qabîsa (قَبيصَة) : Pincée ; terre et cailloux amoncelés. Ex : Qabîsa b. al-Aswad.

Qâbisî (قابِسي) : Peut-être de *qabasa*, s'enflammer. On trouve également Qâbis.

Qâbûs (قابوس) : Beau de visage, au visage coloré.

Qadâd (قَداد) : Ventricule. Ex : Qadâd b. al-Hadrajân.

Qadad, **Qudad** (قَدَد، قُدَد) : Morceau de cuir ; patron, modèle ; chemin différent.

Qâ<u>d</u>î (قاضي) : Juge.

Qâdir (قادِر) : Puissant, capable, en mesure de, l'un des Noms divins ; également : qui fait cuire dans une marmite, plat. S'emploie composé : 'Abd al-Qâdir.

Qafîz (قَفيز) : Sec ; auge où l'on conserve les dattes, panier. Ex : Qafîz, l'un des serviteurs du Prophète — sur lui la grâce et la paix .

Qa<u>hh</u>âr (قَهّار) : Contraignant, impérieux ; irrésistible, victorieux ; l'un des Noms divins, s'emploie composé : 'Abd al-Qa<u>hh</u>âr.

Qâ<u>h</u>ir (قاهِر) : Même sens que Qa<u>hh</u>âr. Ex : al-Qâ<u>h</u>ir billâh, l'un des califes abbassides.

Qâ'id (قائِد) : Chef.

Qâj (قاج) : Ex : Ahmad b. Qâj.

Qalîb (قَليب) : Puits. Ex : Qalîb, compagnon de la tribu des Banî Layth.

Qâlûn (قالون) : Nom d'origine byzantine.

Qamar (قَمَر) : Lune.

Qamdâ' (قَمْداء) : Au cou long et épais ; l'un des compagnons du Prophète — sur lui la grâce et la paix — se prénommait Qamadâ'.

Qanân (قَنان) : Sommet d'une montagne dans le Najd ; nom d'une tribu arabe ; nom d'un roi.

Qan'ân (قَنْعان) : Qui se contente de peu.

Qâni‘ (قانِع) (al) : Même sens que Qan‘ân ; également Qanû‘ et Qannu‘.

Qânit (قَانِت) : Abstinent ; humble, soumis ; priant, s’acquittant de ses dévotions avec régularité.

Qanû‘ (قَنوع) : Satisfait du lot qui lui est imparti, tempérant ; sobre, frugal.

Qa‘qâ‘ (قَعْقاع) : Cliquetis des armes ; forte fièvre ; datte sèche. Ex : Al-Qa‘qâ‘ b. Hadrad

Qarada (قَرَدَة) : Flocon de laine.

Qara<u>z</u> (قَرَظ) : Feuille d’un arbre employée pour le tannage du cuir ; fruit de l’Acacia ; le Yémen. Ex : Sa‘d al-Qara<u>z</u>.

Qâri’ (قارِئ) (al) : Lettré

Qârib (قارِب) : Proche. Ex : Qârib b. al-Aswad, compagnon présumé du Prophète — sur lui la grâce et la paix — selon Bukhârî.

Qarid (قَرِد) : Généreux.

Qârih (قارِح) : Arc dépassant du carquois ; lion.

Qâri<u>t</u> (قارِط) : Qui coupe en morceaux ; qui a les lobes pendants.

Qasâm (قَسام) : Beauté.

Qasâma (قَسامَة) : Serment ; beauté. Ex : Qasâma b. Han<u>z</u>ala.

Qâsim (قاسِم) : Qui sépare, partage et répartit. Abû al-Qâsim était la *kunyâ* du Prophète — sur lui la grâce et la paix.

Qâss (قاصّ) : Conteur ; qui suit les traces de quelqu'un ; pisteur. Ex : Ahmad b. al-Qâss.

Qassâ' (قَصّاع) : Fabricant de plats en bois (*qas'a*).

Qassâb (قَصّاب) : Boucher.

Qassâr (قَصّار) : Dégraisseur ; qui vit dans la continence. Ex : 'Alî b. 'Umar al-Qassâr.

Qassâm (قَسّام) : Intensif de Qâsim.

Qatâda (قَتادة) : Arbrisseau épineux, tragaçante.

Qatan (قَطَن) : Courbé, vouté ; racine ; partie du corps comprise entre les hanches.

Qâtil (قاتل) : Meurtrier.

Qatîl (قَتيل) : Victime.

Qattâb (قَطّاب) : Chevalier.

Qattân (قَطّان) : Marchand de coton.

Qaza'a (قَزاعَة) : Parties séparées d'un nuage ; petits chameaux ; endroits rasés inégalement.

Qazzâz (قَزّاز) : Sériculteur.

Qawârîrî (قَواريري) : De *qawârîr*, bouteilles, coupes, aiguières. Ex : 'Ubayd Allah al-Qawârîrî.

Qawwâl (قَوّال) : Locace, éloquent ; l'un des compagnons du Prophète — sur lui la grâce et la paix.

Qawwâs (قَوّاس) : Fabricant d'arc. Ex : 'Umar al-Qawwâs.

Qays (قَيْس) : Force, violence.

Qaysaba (قَيْسَبَة)

Qayyim (قَيِّم) (al) : Serviteur, intendant.

Qayyûm (قَيّوم) : Qui subsiste par soi-même, sans égal ni semblable ; l'un des Noms divins. S'emploie sous une forme composée : 'Abd al-Qayyûm.

Qi<u>h</u> <u>t</u>am (قِهْطَم) : Ex : Usâma b. Mâlik b. Qi<u>h</u> <u>t</u>am.

Qindî (قِنْدي) : Lampe à huile.

Qirfa (قِرْفَة) (mixte) : Cannelle. Ex : Qirfa b. Bu<u>h</u>ays.

Qir<u>t</u>âs (قِرْطاس) : Cahier, feuillet, cible. Ex : Ibn Qir<u>t</u>âs, prédicateur et poète égyptien.

Qiyâ<u>th</u>a (قِياثَة) : Peut-être : Le fait de ramasser. Ex : Qiyâ<u>th</u>a b. Usâma.

Qubâ<u>th</u> (قُباث) : Qubâ<u>th</u> b. Ashyam.

Qu<u>d</u>â'â (قُضاعَة) : Loutre ; loup-cervier ; poussière de farine. Nom d'une tribu arabe également orthographiée Qu<u>d</u>â'a. Ex : Qu<u>d</u>â'â b. 'Âmir.

Qudâma (قُدامَة) : Préséance, mise en avant. Ex : Qudâma b. 'Abd-Allah.

Qu<u>h</u>ayd (قُهَيْد) : Diminutif de *qa<u>h</u>d*, mouton ; fleur de narcisse ; gris foncé.

Qunbul (قُنْبُل) : Bombe . Ex : Qunbul Muhammad b. 'Abd al-Rahmân.

Qunfu<u>dh</u> (قُنْفُذ) : Hérisson. Ex : Qunfu<u>dh</u> b.

'Umayr, compagnon du Prophète — sur lui la grâce et la paix.

Qurâd (قُراد) : Teigne ; tétin de la mamelle.

Quraysh (قُرَيْش) : Tribu arabe dont est issu le Prophète — sur lui la grâce et la paix ; de *qirsh*, ventre ou *taqarrush*, réunion ? Selon ibn Hishâm, c'est Quraysh qui réunit les tribus de Fihr, ce qui lui valut son nom de celui qui réunit (Quraysh).

Qurdâb (قُرْضاب) : Lion, tranchant (du sabre).

Qurra (قُرَّة) : Fraîcheur. Ex : Qurra b. 'Uqba.

Qurt (قُرْط) : Boucle d'oreille.

Qusay (قُصَي) : Eloigné ; nom de l'un des ancêtres du Prophète — sur lui la grâce et la paix.

Qusayba (قُصَيْبَة) : Petit roseau.

Qusayl (قُصَيْل) : Diminutif de *qasl*, arbrisseau épineux, germe, troupeau.

Qushayr (قُشَيْر) : Diminutif de *qishr*, écorce . Ex : Qushayr b. Bakâr.

Qutayba (قُتَيْبَة) (mixte)

Qutb (قُطْب) : Pôle, axe, pivot ; (fig.) sommité.

Qutba (قُطْبَة) : Pivot, axe, pôle, flèche. Ex : Qutba b. Qatâda.

Qutham (قُثَم) : Généreux. Ex : Qutham b. al-'Abbâs.

Féminin

Qâdira (قادِرَة) : Reposante, facile.

Qa*h* *t*am (قَهْطَم) : Ex : Qa*h* *t*am bint 'Alqama.

Qarîba (قَريبَة) : Proche. Ex : Qarîba bint Zayd.

Qarîra (قَريرَة) : Bouteille. Ex : Qarîra bint al-Hâri<u>th</u>.

Qasra (قَسْرَة) : De *qasara*, contraindre ? Ex : Qasra bint Rawâs al-Kindiyya.

Qatîla (قَتيلَة) :Victime. Ex : Qatîla bint al-'Irbâ*d*.

Qatla (قَتْلَة) : Meurtre, assassinat ; "raclée". Ex : Qatla bint 'Abd al-'Uzzâ.

Qayyima (قَيِّمَة) : Droite ; vertueuse.

Qîla (قيلَة) : Ex : Qîla bint Ma<u>kh</u>rama.

Qirfa (قِرْفَة) (mixte) : Cannelle . Ex : Qirfa b. Bu*h*ays.

Qurba (قُرْبَة) : Œuvre pie surérogatoire ; proximité.

Qurrat al-'ayn (قُرَّة العَيْن) : "Fraîcheur de l'œil"; consolation, satisfaction. Ex : Qurrat al-'ayn bint 'Ubâda al-An*s*âriyya.

Qutayba (قُتَيْبَة) (mixte)

Kâf
كاف

Masculin

Kabîr (كَبِير) : Grand, jouissant d'une situation élevée ; enseignant ; dirigeant ; l'un des Noms divins. Peut s'employer composé : 'Abd al-Kabîr.

Ka'b (كَعْب) : Cheville ; sein ; poitrine ; protubérance. Ex : Ka'b b. Zuhayr. Egalement : Ka'bî.

Kabsh (كَبْش) : Bélier.

Kadan (كَدَن) : Force, graisse, vitalité (végétaux). Ex : Kadan b. 'Abd-Allah.

Kâdish (كَادِش) : Importun. Ex : 'Ubayd Allah b. Kâdish.

Kâfûr (كافُور) : Camphre.

Kâghidî (كاغِدي) (al) : Vraisemblablement de *kâghid*, papier, d'où papetier.

Kahmas (كَهْمَس) : Ce mot signifie : Il s'est mis à genoux. Ex : Kahmas al-Hilâlî.

Kah hâs (كَهّاس) : Kah hâs al-Awsî.

Kalah (كَلَح) : Ce mot signifie : Il s'est renfrogné. Ex : Kalah al-Dabbî.

Kalbî (كَلْبي) : De la tribu de Kalb, chien. Ceux qui portaient ce nom le devait généralement à leur pratique de la chasse.

Kalda (كَلْدَة) : Nom d'une tribu arabe ; sans doute de *kalada*, rassembler.

Kalîm (كَليم) (mixte) : Interlocuteur, blessé ; surnom donné à Moïse à la suite de son entretien avec Dieu — exalté soit-Il.

Kallâs (كَلّاس) : Qui prépare la chaux.

Kamâl (كمال) : Perfection, achèvement, intégralité.

Kâmil (كامِل) : Parfait, accompli, achevé, entier, intégral. Féminin : Kâmila.

Kammûn (كَمّون) : Cumin.

Kannâz (كَنّاز) : Qui amasse des biens. Ex : Kannâz b. abî Mar<u>th</u>ad.

Karâbisî (كَرابِسي) : Marchand d'étoffe.

Karam (كَرَم) : Générosité, indulgence ; chevaleresque, hospitalier, noble.

Karâm (كَرام) : Généreux ; également Kurâm.

Karâma (كَرامَة) (mixte) : Faveur, miracle. Ex : Karâma b. <u>Th</u>âbit.

Kardam (كَرْدَم) : Ex : Kardam b. abî al-Sâ'ib.

Karîm (كَريم) : Généreux, chevaleresque, hospitalier. Excellent, indulgent ; l'un des Noms divins. Peut s'employer composé : 'Abd al-Karîm. Féminin : Karîma.

Karkara (كَرْكَرَة) : Gargouillement, rire. Ex : Karkara, serviteur nubien du Prophète — sur lui la grâce et la paix.

Kasad (كَسَد) : Ce mot signifie : Il a fait de la mévente. Ex : Kasad al-Ju<u>h</u>anî.

Kâsib (كاسِب) : Qui fait du gain.

Kâsir (كاسِر) : Carnassier, oiseau de proie, membre d'oiseau.

Kassâr (كَسّار) : Destructeur ; bûcheron. Ex : Al-Husayn al-Kassâr.

Kâtib (كاتِب) (al) : Ecrivain.

Kathîr (كَثِير) : Nombreux. Ex : Kathîr b. al-<u>S</u>alt.

Kattânî (كَتّاني) : De Kattân, marchand de lin. Généralement employé comme nom de famille.

Kawkab (كَوْكَب) (mixte) : Etoile ; épée ; eau ; montagne ; homme armé ; fraction de l'armée.

Kaysân (كَيْسان) : Ex : Kaysân b. Jarîr.

Kâ<u>z</u>im (كاظِم) : Qui réprime sa colère.

Kilâb (كِلاب) : Chiens ; nom de l'un des ancêtres du Prophète — sur lui la grâce et la paix — ainsi nommé parce qu'il affectionnait la chasse.

Kinân (كِنان) : Couvercle, voile . Ex : Kinân b. al-Hu<u>s</u>ayn.

Kinâna (كِنانَة) : Carquois ; nom d'une tribu arabe. Ex : Kinâna b. 'Abd Yâlayl.

Kindî (كِنْدي) : De la tribu de Kinda

Kisâ'î (كِسائِي) : Marchand de drap.

Kudayr (كُدَيْر) : Peut-être diminutif de *kadîr*, troublé. Ex : Kudayr b. Qatâda.

Ku*h*ayl (كُهَيْل) : Ex : Ku*h*ayl al-Uzdî.

Kulayb (كُلَيْب) : Diminutif de Kalb, chien.

Kulaynî (كُلَيْني)

Kullâb (كُلّاب) : Tenaille ; crampon ; crochet ; éperon ; pied de biche. Ex : Sa'îd b. Kullab.

Kul<u>th</u>ûm (كُلْثوم) (mixte) : Joufflu. Ex : Kulthûm al-Khuzâ'î.

Kurayb (كُرَيْب) : Diminutif d*e karb*, affliction. Ex : Kurayb b. Abra*h*a.

Kurdî (كُرْدي) : Kurde.

Kurdûs (كُرْدوس) : Qui a les os épais. Ex : Kurdûs b. 'Amr.

Kurz (كُرْز) : Gourde. Ex : Kurz b. Jâbir.

Kûz (كوز) : Cruche . Ex : Kûz b. 'Alaqama.

Kumayt (كُمَيْت) : Pelage roux (cheval). Ex : Kumayt b. <u>Th</u>a'laba.

Kumayl (كُمَيْل) : Diminutif de Kâmil, parfait.

Féminin

Kabîra (كَبيرة) : Grande. Ex : Kabîra bint abî Sufyân.

Kab<u>sh</u>a (كَبْشة) : Agnelle. Ex : Kab<u>sh</u>a bint Râfi‘, mère de Sa‘d b. Mu‘â<u>dh</u>. On trouve également Kabî<u>sh</u>a.

Kadîma (كَديمة) : Sans doute de *kadama*, contusionner, blesser, tondre.

Kahîla (كَحيلة) : Qui s’est mise du kôhl.

Kalîm (كَليم) (mixte) : Interlocutrice.

Kalîma (كَليمة) : Féminin de Kalîm . Ex : Kalîma bint Yar<u>th</u>a.

Kalîla (كليلة)

Kâmila (كاملة) : Parfaite, accomplie, achevée, entière, intégrale. Masculin : Kâmil.

Kâmîlyâ (كامليا) : Camélia.

Kanûd (كَنود) : Avare ; ingrate ; méchante. Ex : Kanûd bint Qur<u>t</u>a. Ce nom est grammaticalement mixte.

Kanza (كَنْزة) : Trésor.

Karâma (كَرامة) (mixte) : Faveur, miracle : Karâma b. <u>Th</u>âbit.

Karîma (كَريمة) : Généreuse, chevaleresque, hospitalière. Excellente, indulgente. Masculin : Karîm.

Ka<u>th</u>îra (كَثيرة) : Nombreuse . Ex : Ka<u>th</u>îra bint abî Sufyân.

Kawthar (كَوْثَر) : Eau douce ; fleuve paradisiaque promis au Prophète ; homme généreux.

Kawkab (كَوْكَب) (mixte) : Etoile ; épée ; eau ; montagne.

Kawkaba (كَوْكَبَة) : Etoile ; fleur ; groupe, groupement.

Kayyisa (كَيِّسَة) : Adroite ; belle, élégante ; intelligente, rusée. Ex : Kayyisa bint al-Hârith.

Kifâh (كفاح) : Lutte, combat, conflit.

Ku'ayba (كُعَيْبَة) : Petite Ka'ba. Ex : Ku'ayba bint Sa'îd al-Aslamiyya.

Kulthûm (كُلْثوم) (mixte) : Joufflue. Ex : Kulthûm al-Khuzâ'î.

Kuwaysa (كُوَيْسَة) : Dimnutif de Kûsâ, courgette. Nom d'une orpheline qui fut élevée dans la maison du Prophète — sur lui la grâce et la paix.

Lâm
لام

Masculin

Labbâd (لَبّاد) : Marchand de matelas en laine ou en feutre.

Labbân (لَبّان) : Fabriquant de briques cuites ; marchand de lait.

Labîb (لَبيب) : Intelligent, sagace. Existe également sous la forme Labîba qui est mixte.

Labîba (لَبيبة) (mixte) : Cape ; intelligent, sagace. Ex : Labîba al-Ans̲ârî.

Labîd (لَبيد) : Sacs ou sacoches fourrés en laine ou en crin ; sédentaire ; nom d'un célèbre poète anté-islamique.

Labîda (لَبيدَة) (mixte) : Même sens que Labîd. Ex : Labîda b. Qays, compagnon du Prophète — sur lui la grâce et la paix.

Lâhib (لاحِب) : Clair (méthode), éloquent, insultant, affaibli. Ex : Lâhib b. D̲amîr al-Bâhilî.

Lah̲î'a (لَهيعَة) : Insouciant, négligent, paresseux ; affable. Ex : Lah̲î'a al-Had̲ramî.

Lâhiq (لاحِق) : Suivant, poursuivant, qui rattrape. Ex : Lâhiq b. Ma'bad.

Lâ'ith (لائِث) : Lion (généralement contracté en Layth).

Lajlâj (لَجْلَج) : Hésitant, dubitatif. Ex : Lajlâj b. Hakîm al-Sulamî.

Lâm (لام) : Lettre de l'alphabet. Ex : Lâm b. Ziyâd.

Lamîs (لَميس) (mixte) : A la peau douce et tendre. Ex : Lamîs abû Salmâ.

Laqîm (لَقيم) : Bouchée ; polémiste. Ex : Laqîm al-Dajâj, poète et compagnon du Prophète — sur lui la grâce et la paix.

Laqî<u>t</u> (لَقيط) : Enfant trouvé. Ex : Laqî<u>t</u> b Ar<u>t</u>â<u>t</u>.

Lâ<u>sh</u>ir (لاشِر) : Ex : Lâshir b. Jur<u>th</u>ûma.

La<u>s</u>îb (لَصيب) : Dur, avaricieux. Ex : La<u>s</u>îb b. Jasham.

La<u>t</u>îf (لَطيف) : Attentionné, charmant, délicat, fin ; bienveillant, subtil, plein de compassion ; l'un des Noms divins. S'emploie généralement composé : 'Abd al-La<u>t</u>îf.

Layth (لَيْث) : Eloquent, expressif, force, puissance ; lion. Ex : Layth Allah, le lion de Dieu, surnom de sayyidnâ al-Hamza, oncle du Prophète — sur lui la grâce et la paix.

Lâzaward (لازَوَرْد) (mixte) : Azur ; lapis-lazuli.

Libda (لِبْدَة) : Crin, laine, feutrine. Nom féminin employé comme prénom masculin. Ex : Libda b. 'Âmir.

Lu'ay (لُؤَي) : Taureau ; l'un des ancêtres du Prophète — sur lui la grâce et la paix — se prénommait Lu'ay.

Lubâb (لُباب) (mixte) : Pur, sans reproche.

Lubâba (لُبابَة) (mixte) : Pure ; sans reproche. Nom féminin employé aussi bien pour les hommes que pour les femmes.

Lubâna (لُبانَة) (mixte) : Besoin, objectif ; aliboufier, styrax (bot.). Ex : Abû Lubâna, l'un des compagnons du Prophète — sur lui la grâce et la paix.

Lubayy (لُبَيّ) : Diminutif de Lubâ, lait. Ex : Lubay b. Lubâ.

Lu<u>h</u>ayb (لُهَيْب) : Diminutif de la<u>h</u>îb, flamme.

Luqmân (لُقْمان) : Nom d'un sage mentionné dans le Coran.

Lu<u>t</u>fî (لُطْفي) : De *lu<u>t</u>f*, grâce, protection divine ; douceur, compassion ; attention, prévenance.

Lu'lu' (لُولُو) (mixte) : Perle.

Féminin

Labîba (لَبيبة) (mixte) : Cape ; intelligente, sagace.

Labîs (لَبيس) : Même ; identique. Ex : Labîs bint ‘Amr al-Anṣâriyya.

Labîsa (لَبيسة) : Même sens que Labîs.

Labwa (لَبْوَة) : Lionne.

Laẖya (لَهْيَة) : Distraction ? Nom d’une esclave de ‘Umar qui lui donna un enfant.

Lamâ (لَما) : Aux lèvres violacées.

Lamîs (لَميس) (mixte) : A la peau douce et tendre. Ex : Lamîs abû Salmâ.

Lamyâ’ (لَمياء) : Mate (peau) ; aux lèvres rouge foncé.

Laṯâfa (لَطافَة) : Douceur.

Laṯîfa (لَطيفَة) : Bon mot, mot d’esprit ; subtilité ; facétie, anecdote.

Laylâ (لَيْلى) : Griserie, ivresse provoquée par le vin, longue et sombre (nuit).

Lâzaward (لازَرْوَرد) (mixte) : Azur ; lapis-lazuli.

Lihâẕ (لحاظ) : Yeux.

Lîna (لينَة) : Palmier.

Lubâb (لُباب) (mixte) : Pure, sans reproche

Lubâba (لُبَاب) (mixte) : Pure ; sans reproche Ex : Lubâba bint al-Hârith.

Lubâna (لُبَانَة) (mixte) : Besoin, objectif ; aliboufier, styrax (bot.).

Lubnâ (لُبْنَى) : Arbrisseau qui donne le styrax, espèce de sève mielleuse dont on s'asperge parfois.

Lu'lu' (لُؤْلُؤ) (mixte) : Perle. On trouve également Lu'lu'a.

Mîm
ميم

Masculin

Ma'âdh (مَعاذ) : Refuge, protection, amulette.

Ma'bad (مَعْبَد) : Temple. Ex : Ma'bad b. Zuhayr.

Mabrûk (مَبْروك) : Béni.

Ma'dân (مَعْدان) : Ma'dân b. Rabî'a.

Madhbûb (مَذْبوب) : Chassé, repoussé . Ex : Madhbûb al-Tannûkhî.

Madhkûr (مَذْكور) : Mentionné. Ex : Madhkûr al-'Adhrî.

Madh'ûr (مَذْعور) : Semé. Ex : Madh'ûr b. 'Adî.

Mâdih (مادِح) : Puissant, grandiose.

Ma'diyakrib (مَعْدِيكَرِب) : Nom composédont nous n'avons pas retrouvé la signification. Ex : Ma'diyakrib al-*H*amadânî.

Madlûk (مَدْلوك) : Frotté. Ex : Madlûk al-Ghifârî.

Maghzâ (مَغْزى) : Champ de bataille ; morale (d'une histoire).

Mahdî (مَهْدي) : Guidé, dans la bonne voie. Ex : Ma*h*dî al-Jazarî.

Mahdûj (مَحْدوج) : Sans doute de *hadaja*, fixer son regard. Ex : Mahdûj b. Zayd al-*H*udhalî.

Mahfûz (مَحْفوظ) : Préservé, protégé.

Ma*h*îb (مَهيب) : Effrayant.

Ma*h*în (مَهين) : Insignifiant, méprisable. Ex : Ma*h*în b. al-*H*aytham.

Mâ*h*ir (ماهِر) : Habile, bon nageur.

Mahmûd (مَحْمود) : Glorifié ; l'un des noms du Prophète — sur lui la grâce et la paix.

Mahmiyya (مَحْمِيَّة) (mixte) : Protégé, préservé. Ex : Mahmiyya b. Jaz'.

Mahraba (مَحْرَبَة) : Armé (d'une lance) . Ex : Mahraba b. Ghânim.

Mahriz (مَحْرِز) : Réduit (militaire). Ex : Mahriz b. Na*d*la.

Mahrûs (مَحْروس) : Préservé.

Mâ'iz (ماعِز) : Chèvre. Ex : Mâ'iz b. Mujâlid.

Majâ'a (مَجاعَة) : Famine. Ex : Majâ'a b. Murâra.

Majd (مَجْد) (mixte) : Puissance, élévation, honneur.

Mâjid (ماجِد) : Glorieux, bien éduqué ; prolixe.

Mâjishûn (ماجِشون) (al) : Ex : Ya'qûb al-Taymî, al-Mâjishûn.

Majdî (مَجْدي) : Glorieux. Ex : Majdî b. Qays al-Ash'arî, frère d'Abû Mûsâ al-Ash'arî, l'un des compagnons du Prophète — sur lui la grâce et la paix.

Majîd (مَجيد) : Glorieux, l'un des Noms divins. S'emploie généralement composé : 'Abd al-Majîd.

Majfiyya (مَجْفِيَّة) : Ex : Majfiyya b. Nu'mân, l'un des compagnons du Prophète — sur lui la grâce et la paix.

Majnûn (مَجْنون): Fou. Ex. : Majnûn et Laylâ, les Roméo et Juliette de la littérature arabe.

Makhlad (مَخْلَد) : A demeure, éternel. Ex : Makhlad al-Ghifârî.

Makhraba (مَخْرَبَة) : Ruine. Ex : Makhraba b. 'Adî.

Makhrama (مَخْرَمَة) : Ex : Makhrama b. Nawfal, l'un des compagnons du Prophète — sur lui la grâce et la paix.

Makhzama (مَخْزَمَة) : Sans doute de *khazama*, percer.

Makîn (مَكين) : Stable, considéré, respecté.

Makhûl (مَكْحول) : Dont les yeux sont passés au Kohl. Ex : Makhûl, le serviteur de l'Envoyé de Dieu — sur lui la grâce et la paix.

Malâdh (مَلاذ) : Plaisir, délice ; refuge, protection.

Malâth (مَلاث) : Noble seigneur dont on recherche la protection.

Malhân (مَلْحان) : Vraisemblablement synonyme de Malîh. Ex : Malhân b. Zyâd.

Malîh (مَليح) : Beau, bon, plaisant ; salé. Ex : Malîh b. 'Awf al-Sulamî.

Malik (مَلِك) : Roi.

Mâlik (مالِك) : Roi, possesseur, nom du gardien des Enfers. Ex : Mâlik b. Aws.

Malyâna (مَلْيانَة) : De caractère facile, de mœurs policées.

Ma'mûn (مَأْمون) (al) : En sécurité ; béni.

Ma'n (مَعْن) : Reconnaissance d'un droit ou de la vérité ; fluidité, pluie abondante qui rafraîchit et irrigue la terre ; eau non recouverte, source ; simple, facile, grand. Ex : Ma'n b. 'Adî.

Manâf (مَناف) : Qui surplombe, en saillie, sommet ; les Banî 'Abd Manâf constituaient une sous-tribu des Qurayshites.

Mandûs (مَنْدوس) : Blessé ; en éveil, vif.

Manfa'a (مَنْفَعَة) : Profit, utilité. Ex : Kulayb b. Manfa'a.

Man*h*al (مَنْهَل) : Boisson, source.

Manî' (مَنيع) : Inaccessible, inabordable invulnérable, impénétrable ; difficile d'accès.

Manîn (مَنين) : Fort.

Mannân (مَنّان) : Bienveillant, donnateur, généreux,

l'un des Noms divins. Pour un être humain : qui s'enorgueillit de ses dons.

Mans̱ûr (مَنْصور) : Victorieux.

Manẕûr (مَنْظور) : Regardé. Ex : Manẕûr b. Zabbân.

Ma'qil (مَعْقِل) : Forteresse, refuge. Ex : Ma'qil b. Khuwaylid.

Marâra (مَرارَة) : Amertume . Ex : Marâra b. al-Rabî'.

Marḏî (مَرْضي) : Agréé. Féminin : Marḏiyya.

Marhab (مَرْحَب) : Aisance ; bienvenue.

Mârin (مارِن) : La partie souple du nez.

Mârî (ماري) : Le veau blanc à la peau tendre chasseur d'une variété d'oiseaux appelée en arabe *qat̲â*.

Mârib (مارِب)

Marîr (مَرير) : Robuste ; ferme ; constant. Ex : Marîr al-Ayâdî.

Marjân (مَرْجان) : Petites perles, corail.
Nom d'unité : Marjana.

Mart̲h̲ad (مَرْثَد) : Généreux ; lion. Ex : Mart̲h̲ad b. Rabî'a.

Marû'a (مَروؤَة) : Virilité, fierté ; grandeur, sagacité.

M'arûf (مَعْروف) : Connu, coutumier (droit) ; bienfait ; licite, conforme aux usages ; subsistance. Ex : Ma'rûf al-Karkhî.

Marûh (مَروح) : Vent, vent agréable ; vin ; jours heureux.

Marw (مَرْو) : Quartz, améthiste, plante odoriférante. Ville célèbre du Khorassân.

Marwân (مَرْوان) : Variété de silex.

Marzûq (مَرْزوق) : Chanceux, promis à un heureux destin (de *rizq* : subsistance). Ex : Marzûq al-Saqîl.

Mas'ada (مَسْعَدَة) : Joie. Ex : 'Abd Allah b. Mas'ada.

Mashhûr (مَشْهور) : Connu, célèbre.

Mâshî (ماشي) : En marche.

Mâsih (ماسِح) : Qui essuie ; qui oint. Ex : 'Alî b. al-Hussayn b. al-Mâsih. Ce nom est un équivalent de celui du *Messie* qui s'orthographie *Massîh* en arabe.

Maslama (مَسْلَمَة) : Ex : Maslama b. Shaybân.

Masrûh (مَسْروح) : Libéré. Ex : Masrûh b. Thuwayba.

Masrûq (مَسْروق) : Volé. Ex : Masrûq b. Aws.

Mas'ûd (مَسْعود) : Bienheureux. Ex : Mas'ûd b. Umayya.

Matar (مَطَر) : Pluie ; souvent employé comme nom de famille. Ex : Matar b. 'Ukâmis.

Matiyya (مَطيَّة) : Monture. Ex : Matiyya b. Mâlik.

Mawhib (مَوْهِب) : Don. Ex : Mawhib b. 'Abd Allah.

Mawhûb (مَوْهوب) : Doué.

Mawlâ (مَوْلَى) : Seigneur et maître ; aimant ; compagnon ; hôte ; oncle, fils. Ex : Mawlâ b. Kanîf.

Mawlûd (مَوْلود) : Nouveau-néæ

Maymûn (مَيْمون) : Béni. Féminin : Maymûna.

Mays (مَيْس) : Variété de raisin ; micocoulier ; soc de charrue.

Maysara (مَيْسَرَة) : Facilité, aisance, richesse.

Maytham (مَيْثَم) : Ex : Maytham al-Tammâr al-Usdî.

Mayyâra (مَيّارَة) : Qui fait des provisions.

Mazhar (مَظْهَر) : Spectacle, partie visible, allure, apparence, façade.

Mazîd (مَزيد) : Augmentation, supplément.

Mazîda (مَزيدَة) (mixte) : Accroissement, augmentation . Ex : Mazîda b. Hiwâla.

Mâzin (مازِن) : Œuf de fourmi ; lumineux (visage) ; empressé ; laudatif. Ex : Mâzin b. Khaythama. On trouve également Mâzinî (al).

Mid'am (مِدْعَم) : Sans doute nom d'instrument de la racine *da'ama*, renforcer, supporter, soutenir, soit pilier. Ex : Mid'am, serviteur du Prophète — sur lui la grâce et la paix.

Midlâj (مِدلاج) : Intensif de Mudlij.

Mighwâr (مِغْوار) : Guerrier qui livre de nombreux combats, rapide (cheval).

Mi*h*ja‘ (مِهْجَع) : Sot, imbécile. L’un des serviteurs du Prophète — sur lui la grâce et la paix — portait ce nom.
Mihjan (مِحْجَن) : Sceptre, bâton ; bec d’oiseau ; intendant (fig.). Ex : Mihjan b. Adra‘ al-Aslamî.
Mihrâb (مِحْراب) : Niche de prière ; instrument de combat. Ex : Mihrâb b. Zabîd.
Mi*h*rân (مِهْران) : Vient peut-être de m*ahara*, assigner une dot, être habile. Ex : Mi*h*rân, l’un des serviteurs du Prophète — sur lui la grâcet et la paix.
Mikhlaf (مِخْلَف) : Vraisemblablement : saulaie.
Mikhnaf (مِخْنَف) : Ex : Mikhnaf b. Sulaym.
Mikraz (مِكْرَز) : Ex : al-Mikraz b. Hafs.
Mil*h*ab (مِلْهَب) (mixte) : D’une beauté éclatante (femme). Ex : Mil*h*ab b. abî Sufra.
Mîlâd (ميلاد) : Jour de naissance.
Mînâ (مينى) (mixte) : Email ; serviteur d’al-‘Abbâs, oncle du Prophète — sur lui la grâce et la paix .
Miqdâd (مِقْداد) : Qui déracine, qui tranche ; héros, de grande taille. Ex : Miqdâd b. al-Aswad, l’un des compagnons du Prophète — sur lui la grâce et la paix.
Miqdâm (مِقْدام) : Courageux, hardi, entreprenant. Ex : Miqdâm b. Ma‘diyakrib.
Min*h*âl (مِنْهال) : Généreux ; dune. Ex : al-Min*h*âl al-Tamîmî.

Mirbâ‘ (مِرْباع) : De taille moyenne ; couvre de végétation au printemps ; quart ; part du chef. Ex : Mirbâ‘ b. Abi*d*‘a al-Kindî.

Mirdâs (مِرْداس) : Tête, rouleau compresseur. Ex : Mirdâs al-Aslamî.

Mis‘ar (مِسْعَر) : Calorimètre. Ex : Mis‘ar b. Kidâm al-*H*ilâlî.

Mi*s*bâh (مِصْباح) : Lampe, flambeau, lampadaire.

Mi<u>sh</u>‘âr (مِشْعَر) : Velu. Mish‘âr b. <u>dh</u>î Mish‘âr al-*H*amadânî.

Mi<u>sh</u>rah (مِشْرَح) : Sans doute scalpel de *<u>sh</u>araha*, disséquer, expliquer. Ex : Mi<u>sh</u>rah al-A<u>sh</u>‘arî.

Misma‘ (مِسْمَع) : Oreille ; anse d'un panier ; morceaux de bois que l'on passe dans les anses d'un vase pour le porter. Ex : Mâlik b. Misma‘.

Mis*t*ah (مِسْطَح) : Auge dans laquelle on faisait sécher les dattes. Ex : Mis*t*ah b. A<u>th</u>â<u>th</u>a.

Miswar (مِسْوَر) : Accoudoir en peau ; coussin. Ex : Miswar b. Makhzama.

Mi‘*t*â’ (مِعْطاء) : Très généreux.

Mi*z*fâr (مِظْفار) : Qui arrive à ses fins, résolu, victorieux.

Mu‘â<u>dh</u> (مُعاذ) : Protégé, préservé. Féminin : Mu‘â<u>dh</u>a.

Mu‘allâ (مُعَلّى) : Elevé, très-haut. Mu‘allâ b. Lû<u>dh</u>ân.

Mu‘ammar (مُعَمَّر) : Doué de longue vie, construit, en état. Ex : Mu‘ammar b. ‘Abd Allah.

Mu‘âwiya (مُعاوِيَة) : Renardeau ; chiot. Ex : Mu‘âwiya b. Abî Sufyân.

Mu’ayyad (مُؤَيَّد) : Corroboré, renforcé, soutenu. L’un des noms du Prophète — sur lui la grâce et la paix.

Mubârak (مُبارَك) : Béni. Ex : Mubârak, serviteur de Thâbit b. Qays al-Ansârî. Féminin : Mubâraka : Bénie, satisfaite.

Mubarrad (al) (مُبَرَّد) : Désaltéré ; rafraîchi.

Mubashshir (مُبَشِّر) : Annonciateur de la bonne nouvelle . Ex : Mubashshir b. al-Barâ’.

Mubdi’ (مُبْدِئ) : Qui commence, Celui qui tire la Manifestation ou la création du non-être. L’un des Noms de Dieu.

Mubrih (مُبْرِح) : Blessant, contondant . Ex : Mubrih b. Shi*h*âb.

Mubtadir (مُبْتَدِر) : Assaillant, hâtif, entreprenant . Ex : al-Mubtadir al-Ifrîqî.

Mu*d*ârib (مُضارِب) : Combattant ; associé. Ex : Mu*d*ârib b. Zayd.

Mu*d*arris (مُضَرِّس) : Lion. Ex : Mu*d*arris b.Anas.

Mudlij (مُدْلِج) : Qui transvase. Ex : Mudlij al-Ansârî.

Mudrik (مُدْرِك) : Qui saisit, qui perçoit ; qui atteint. Ex : Mudrik al-Ghifârî.

Mudrika (مُدْرِكَة) : Sensible, doué d'intuition ; nom d'une tribu arabe.

Mu*dt*aji'** (مُضْطَجِع) : Allongé . Ex : Mu*d* *t*aji' b. A<u>th</u>â<u>th</u>a, frère de Mis*t*ah.

Mughaffal (مُغَفَّل) : Insouciant, distrait. Ex : Mughaffal b. *D*irâr.

Mughîra (مُغِيرَة) : Attaquant, assaillant. Ex : al-Mughîra b. Shu'ba.

Mughîth (مُغِيث) : Secourable, qui porte assistance ; l'un des Noms divins.
Ex : Mughî<u>th</u> b 'Umar.

Mughnî (مُغْنِي) : Qui enrichit, qui dispense de recourir à autre chose, à autrui.

Mughram (مُغَرَّم) : Passionnément épris.

Mughtarib (مُغْتَرِب) : Emigré. C'était le surnom d'al-Aswad b. Rabî'a.

Mu*h*âjir (مُهاجِر) : Emigré. Ex : Mu*h*âjir b. Mas'ûd.

Mu*h*al*h*il (مُهَلْهِل) : Tisserand ; poète ; élégant. Surnom du poète Rabî'a.

Mu*h*allab (مُهَلَّب) : Injurié ; dépouillé de son crin. Ex : Al-Mu*h*allab b. Ahmad al-Usdî.

Muhammad (مُحَمَّد): Glorifié, nom du Prophète de l'islam — que la grâce et la paix de Dieu soient répandues sur lui.

Mu*h*annad (مُهَنَّد) : Sabre en acier de l'Inde.

Muhârib (مُحارِب) : Guerrier, guerroyant. Ex :

Muhârib b. Mazîda, l'un des compagnons du Prophète — sur lui la grâce et la paix.

Muharrish (مُحَرِّش) : Excitant, provoquant. Ex : Muharrish b. 'Abd Allah al-Ka'bî. Son nom serait Mahrash (مَحْرَش) selon ibn Ma'în.

Muhâsibî (مُحاسِبي) : Qui se demande des comptes ; qui fait son "examen de conscience".

Muhâsir (مُحاصِر) : Assiégeant. Ex : Muhâsir b. 'Âmir.

Muhaymin (مُهَيْمِن) : Qui contrôle, qui domine, qui régente, possesseur ; l'un des Noms divins.

Muhayrîz (مُحَيْرِيز) : Muhayrîz b. Junâda.

Muhayyisa (مُحَيِّصَة) : Ex : Muhayyisa b. Mas'ûd.

Muhhadhib (مُهَذِّب) : Pédagogue. Ex : Al Muhhadhib b. 'Alî.

Muhibb (مُحِبّ) : Amoureux. Ex : 'Abd-Allah b. Ahmad al-Muhibb.

Muhjir (مُهْجِر) : Supérieur.

Muhqib (مُحْقِب) : Renard. Ex : Muhqib b. al-Nu'mân.

Muhriq (مُحْرِق) : Brûlant.

Muhsin (مُحْسِن) : Bienfaiteur.

Muhtafir (مُحْتَفِر) : Qui creuse ; qui cherche ; carie (dent). Ex : Muhtafir b. Aws.

Mu'în (مُعِين) : Secourable ; l'un des Noms divins.

Mu'izz (مُعِزّ) : Qui aime, qui renforce ; l'un des Noms de Dieu.

Mujâ<u>h</u>id (مُجاهِد) : Zélé, combattant. Ex : Mujâ<u>h</u>id b. Jabr.

Mujâlid (مُجالِد) : Qui frappe de son épée ; dur au combat, endurant. Ex : Mujâlid b. <u>Th</u>awr.

Mujammi' (مُجَمِّع) : Rassembleur . Ex : Mujammi' b. Jâriya.

Mujâ<u>sh</u>i' (مُجاشِع) : Apre au gain, avide, cupide . Ex : Mujâshi' b. Mas'ûd.

Mujbar (مُجْبَر) : Consolé ; réformé.

Mujbir (مُجْبِر) : Consolateur ; réparateur ; rebouteux.

Muj<u>dh</u>ir (مُجْذِر) : Epais, bien charpenté . Ex : Muj<u>dh</u>ir b. Ziyâd, l'un des compagnons de Badr qui périt à Uhud.

Mujazzaz (مُجَزَّز) : Tondu. Ex : Mujazzaz al-Mudlajî.

Mujzi'a (mixte) (مُجْزِئَة) : Qui dispense avec générosité ; qui n'a que des filles. Ex : Mujzi'a b. <u>Th</u>awr.

Mukarram (مُكَرَّم) : Respectable, pris en considération, honoré, vénéré, sacré.

Mu<u>kh</u>âriq (مُخارِق) : Pénétrant ; perforant, blessant. Ex : Mukhâriq b. 'Abd Allah.

Mu<u>kh</u>aymin (مُخَيْمِن) : Mu<u>kh</u>aymin b. Hâbis.

Mukhtâr (مُخْتار) : Elu, choisi ; l'un des noms du Prophète — sur lui la grâce et la paix. Ex : al-Mukhtâr b. Hâritha.

Mukram (مُكْرَم) : Honoré. Ex : Mukram al-Ghifârî.

Mulâ'ib (مُلاعِب) : Joueur ; compagnon de jeu. Ex : Mâlik b. 'Âmir, Mulâ'ib al-Asinna.

Mulayl (مُلَيْل) : Corbeau. Ex : Mulayl b. Wabara al-Ansârî.

Mulham (مُلْهَم) : Inspiré.

Mu'min (مُؤْمِن) : Croyant. C'est un des Noms divins et qui, employé comme tel, signifie : Celui qui met en sécurité, à l'abri. Ex : 'Abd al-Mu'min.

Munabbih (مُنَبِّه) : Qui éveille, vif.

Munaydhir (مُنَيْذِر) : Diminutif de Mun*dh*ir, celui qui avertit. Ex : Munaydhir al-Aslamî.

Munâzil (مُنازِل)

Munba'ith (مُنْبَعِث) : Qui s'élance avec rapidité, qui s'exhale, qui renaît. Ex : al-Munba'ith al-Thaqafî.

Mundhir (مُنْذِر) : Avertisseur, l'un des noms du Prophète — sur lui la grâce et la paix. Ex : al-Mun*dh*ir b. al-Ahda'.

Mun'im (مُنْعِم) : Donateur, pourvoyeur, qui accorde Ses grâces, dispensateur, l'un des Noms divins. S'emploie composé : 'Abd al-Mun'im.

Munhâl (مُنْهال) : Qui fait boire ses chameaux ; monticule ; tombeau.

Munîb (مُنيب) : Qui délègue, mandate, donne une procuration ou un pouvoir ; repenti.

Munîf (مُنيف) : Elevé, qui surplombe, qui domine.

Munîr (مُنير) : De belle couleur ; lumineux, qui réfléchit la lumière. Munîr est l'un des noms du Prophète — sur lui la grâcet et la paix.

Mûnis (مُونِس) : Affable, aimable, sympathique. Ex : Mûnis b. Fa*d*âla, l'un des compagnons du Prophète — sur lui la grâce et la paix.

Munjâb (مُنْجاب) : Exaucé. Ex : Munjâb b. Râshid al-Nâjî.

Munkadir (مُنكَدِر) : Pressé, qui dévale une colline. Ex : al-Munkadir b. Muhammad al-Munkadir.

Munqi*dh* (مُنْقِذ) : Suaveur, rédempteur. Ex : Munqi*dh* al-Aslamî.

Mun*s*if (مُنْصِف) : Equitable.

Muntaji' (مُنْتَجِع) : Nom d'action de *intaja'a*, rechercher un profit, mendier ; partir en sanatorium. Ex : al-Muntaji' al-Najdî.

Munta*sh*ir (مُنْتَشِر) : Répandu. Ex : al-Munta*sh*ir b. al-Ajda'.

Muqanna' (مُقَنَّع) : Voilé. Ex : al-Muqanna' al-Sulamî.

Muqâtil (مُقاتِل) : Combattant.

Muqsim (مُقْسِم) : Qui partage. Ex : Muqsim b. Bujra.

Murâd (مُراد) : Objectif, but, désiré.

Murâra (مُرارَة) : Amertume. Ex : Murâra b. al-Rabî'.

Murbih (مُرْبِح) : Bénéfique, profitable. Ex : Murbih b. Yâsira.

Mur<u>h</u>af (مُرْهَف) : Mince (se dit d'une lame), fine (taille).

Mur<u>h</u>am (مُرْهَم) : Baume, onguent, crème.

Murra (مُرَّة) : Bile. Ex : Murra b. Ka'b.

Murrân (مُرّان) : Lance un peu dure. Ex : Murrân b. <u>dh</u>î 'Umayr.

Murûna (مُرُونَة) : Mélange de souplesse et de rigidité.

Mûsâ (مُوسى) : Le prophète Moïse — sur lui la paix — ; rasoir.

Mus'ab (مُصْعَب) : Noirci ; choisi pour chef ; viril ; chameau ou cheval rétif. Ex : Mus'ab b. 'Umayr.

Musaddad (مُسَدَّد) : Visé ; guidé, orienté. Ex : Musaddad b. Qa<u>t</u>an.

Musâfi' (مُسافِع) : Combattant. Ex : Musâfi' b. 'Iyâ*<u>d</u>*.

Musâhiq (مُساحِق) : Sans doute de *sahaqa*, broyer ou de *sahiqa* éloigner, user. Ex : Musâhiq b. 'Abd Allah.

Musallam (مُسَلَّم) : Acquis, admis ; sauvé, sain.

Musâwir (مُساوِر) : Qui conçoit des doutes. Ex : Musâwir b. _H_ind.

Musayyib (al) (مُسَيِّب) : Ex : al-Musayyib b. ‘Amr.

Mu<u>sh</u>îr (مُشير) : Conseiller, équivalent de maréchal.

Mus_h_ir (مُسْهِر) : Qui tient en éveil. Ex : Mus_h_ir b. Khâlid.

Muslim (مُسْلِم) : Musulman, soumis.

Musri‘ (مُسْرِع) : Qui hâte le mouvement. Ex : Musri‘ b. Yâsir.

Mus_t_afâ (مُصْطَفى) : Elu ; l’un des noms du Prophète — sur lui la grâce et la paix.

Mustanîr (مُسْتَنير) : Eclairé, instruit, informé. Ex : Mustanîr b. _H_ind.

Musta_t_îl (مُسْتَطيل) : Allongé, horizontal, rectangulaire . Ex : Musta_t_îl b. Hi<u>s</u>n.

Mustaw<u>gh</u>ir (مُسْتَوْغِر) : Coléreux ; en colère. Ex : Mustawghir b. Rabî‘a.

Mustawrid (مُسْتَوْرِد) : Qui fait entrer, importateur. Ex : Mustawrid b. Shaddâd.

Mu_t_â‘ (مُطاع) : Obéi. Ex : Mu_t_â‘ al-Lakhmî.

Mu_t_a<u>_hh_</u>ar (مُطَهَّر) : Purifié. Nom de l’un des fils du Prophète — sur lui la grâce et la paix.

Mu‘tab (مُعْتَب) : Mu‘tab b. ‘Ubayd.

Mu‘takid (مُعْتَكِد) : Nécessaire ? Ex : Mu‘takid b. Mu*h*al*h*il.

Mu‘tamir (مُعْتَمِر) : Qui a accompli une ‘umra (ou petit pèlerinage). Ex : Mu‘tamir al-Kinânî.

Mu*t*arrif (مُطَرِّف) : Combattant. Ex : Mu*t*arrif b. Bah*s*ala.

Mutawakkil (مُتَوَكِّل) : Qui place sa confiance en Dieu.

Mu*t*ayyib (مُطَيِّب) : Purifiant, bon, agréable. Selon certaines sources, l'un des fils du Prophète — sur lui la grâce et la paix — aurait porté ce nom.

Muth‘ab (مُثْعَب) : Qui perd son sang ; l'un des compagnons du Prophète — sur lui la grâce et la paix.

Muthallam (مُثَلَّم) : Endommagé, abîmé ; simplet. Ex : Muthallam b. Hudhâfa.

Muthannâ (مُثَنّى) : Duel. Ex : Muthannâ b. Hâritha.

Mu*t*î‘ (مُطيع) : Obéissant. Ex : Mu*t*î‘ b. al-Aswad.

Mu*t*‘im (مُطْعِم) : Nourricier, qui pourvoit aux besoins d'autrui. Ex : Mu*t*‘im b. ‘Adî.

Mu*tt*alib (مُطَّلِب) : Sans doute de *ittalaba*, exiger. Le prénom du grand-père de l'Envoyé de Dieu — sur lui la grâce et la paix — était : ‘Abd al-Mu*tt*alib.

Muttaqî (مُتَّقي) : Qui a la crainte de Dieu.

Muwalla*h* (مُوَلَّه) : Eperdu, amoureux. Ex : Muwalla*h* b. Kanîf.

Muẕaffar (مُظَفَّر) : Même sens que Miẕfâr.

Muẕ*h*ir (مُظْهِر) : Qui manifeste, qui montre. Ex : Muẕ *h*ir b. Râfi‘.

Féminin

Maghfira (مَغْفِرَة) : Repentir, pardon.

Ma*h*â (مَها) : Addax, antilope blanche.

Mahâsin (مَحاسِن) : Vertus.

Mahyât (مَحْيَاة) : Vie . Ex : Mahyât bint <u>Kh</u>âlid.

Majd (mixte) (مَجْد) : Puissance, élévation, honneur.

Malak (مَلَك) : Ange, esprit céleste ; bien que masculin ce mot est employé comme prénom féminin.

Malaka (مَلَكَة) : Disposition, faculté, capacité à, aptitude, talent.

Malîka (مَلِيكَة) : Possédante.

Manâl (منال) : Obtention.

Manda<u>h</u> (مَنْدَه).

Mandûs (مَنْدوس) : Terrassée ; diffamée. Ex : Mandûs bint ‘Ubâda, sœur de Sa‘d b. ‘Ubâda, seigneur des Khazraj.

Marah (مَرَح) : Excès de joie, zèle ; fait de se pavaner, arrogance, vanité.

Marâm (مَرام) : But, objectif, cible, désir ; intention, souhait, aspiration.

Mar<u>d</u>iyya (مَرْضِيَّة) : Agrééе

Mâriâ (ماريا) : Mère d'un jeune veau.

Mâriyya (مارِيَّة) : Femme à la peau blanche ; oiseau de Qa<u>t</u>â.

Marjâna (مَرْجانَة) : Corail. Nom d'une servante de 'Umar.

Marwa (مَرْوَة) : Nom d'une colline située à la Mecque.

Mâs (ماس) (généralement précédé de l'article *al*) : Diamant.

Masarra (مَسَرَّة) : Joie, satisfaction ; feuilles et tige du basilic ou des plantes odoriférantes.

Maw*h*iba (مَوْهِبَة) : Don, aptitude, talent, inspiration. Nom d'une des servantes du Prophète — sur lui la grâce et la paix.

Maw'id (مَوْعِد) : Promesse ; lieu de rendez-vous, rendez-vous ; nom masculin employé comme prénom féminin.

Maymana (مَيْمَنَة) : Bénédiction ; côté droit.

Maymûna (مَيْمونَة) : Favorisée, chanceuse, bénie. Ex : Maymûna bint al-Hâri<u>th</u>, l'une des épouses du Prophète — sur lui la grâce et la paix.

Mays (مَيْس) : Démarche prétentieuse ; se pavaner.

Maysâ' (مَيْساء)

Maysân (مَيْسان) : Qui se pavanne en marchant. Qui marche fièrement.

Mayya (مَيَّة) : De *mayya<u>h</u>a*, hydrater ? Ex : Mayya bint Mahriz.

Mazîda (mixte) (مَزيدَة) : Accroissement, augmentation. Ex : Mazîda b. Hiwâla.

Mihjan (مِحْجَن) : Crochet. Nom d'une musulmane noire qui nettoyait la mosquée du Prophète — sur lui la grâce et la paix. On trouve aussi Mihjana.
Mil*h*ab (mixte) (مِلْهَب) : D'une beauté éclatante. Ex : Mil*h*ab b. abî *S*ufra.
Mînâ (mixte) (مينى) : Email ; serviteur d'al-'Abbâs, oncle du Prophète — sur lui la grâce et la paix .
Minha (مِنْحَة) : Don, subsides, bourse (d'études).
Miska (مِسْكَة) : Grain ; un peu de... ; parcelle.
Mu'âdha (مُعاذَة) : Féminin de Mu'âdh. Cf. Mu'âdh.
Mu*h*addad (mixte) (مُهَدَّد) : Menacée. Ex : Mu*h*addad bint Hamrân.
Muhibba (مُحِبَّة) : Aimante . Ex : Muhibba bint al-Rabî'. Egalement Mahabba.
Mulayka (مُلَيْكَة) : Feuille.
Munta*h*â (مُنْتَهى) : Terme, fin.
Munya (مُنْيَة) : Objectif, but, désir, espoir ; également Munyâ (مُنْيى).
Mu*t*î'a (مُطيعَة) : Obéissante. Ex : Mu*t*î'a bint al-Nu'mân b. Mâlik. Elle s'appelait initialement 'Â*s*iya (désobéissante) ; ce fut le Prophète — sur lui la grâce et la paix — qui modifia son nom en Mu*t*î'a.
Muzna (مُزْنَة) : Partie d'un nuage ; diminutif : Muzayna .

Nûn
نون

Masculin

Na'âma (نـعامـَة) : Autruche. Ex : Na'âma al-*D*abbî.

Na''âl (نـعّال) : Cordonnier. Ex : Anjab al-Na''âl.

Nabâta (نـَباتـَة) : Plante. Ex : Ibn Nabâta al-Masrî.

Nabbâsh (نـَبـّاش) : Qui fait des fouilles, qui exhume des tombes.

Nab*h*ân (نـَبْـهان) : Noble ; vif ; éveillé ? Ex : Nab*h*ân al-Ansârî.

Nâbigha (نـابـِغـَة) : Parole éloquente ; grand homme, génie. Nom d'un poète anté-islamique.

Nabî*h* (نـَبيـه) : Noble, à l'esprit vif, éveillé, connu. Féminin : Nabî*h*a.

Nâbil (نـابـِل) : Habile ; noble ; archer. Ex : Nâbil al-Habashî.

Nabîl (نـَبيـل) : Noble ; corpulent.

Nabîsha (نـَبيـشـَة)

Nâbit (نـابِـت) : Qui pousse. Nom du petit-fils d'Abraham — sur lui la paix.

Nabî<u>t</u> (نَبـيـط)

Nâ'il (نـائِل) : Don, ce que l'on obtient.

Na<u>dh</u>îr (نَـذيـر) : Celui qui avertit ; prophète ; avertissement ; un des noms du Prophète — sur lui la grâce et la paix. Ex : Na<u>dh</u>îr al-Sudûsî.

Nadîm (نَـديم) : Commensal, compagnon de table.

Nâdir (نـادِر) : Rare.

Na<u>d</u>ir (نَـضِـر) (al) : Beau, brillant, riche, éclatant.

Na<u>d</u>îr (نَـضـيـر) : Beau, or, brillant. Ex : al-Na<u>d</u>îr b. al-Har<u>th</u>.

Na<u>d</u>la (نَـضْـلَة) : Lutte, victoire. Ex : Na<u>d</u>la b. 'Amr.

Na<u>d</u>r (نَـضْـر) : Brillant, éclatant.

Na<u>d</u>ra (نَـضْـرَة) : Beauté, richesse, éclat.

Nâfi' (نـافِـع) : Utile ; l'un des Noms divins. S'emploie généralement non composé.

Nafî' (نَـفـيـع) : Intensif de Nâfi'.

Nâfila (نـافِـلَة) : Œuvre surérogatoire. Ex : 'Alî b. Harb Nâfila.

Nafîr (نَـفـيـر) : Groupe, troupe . Ex : Nafîr b. Mâlik.

Nafîs (نَـفـيـس) : Précieux, richesse. Féminin : Nafîsa. Ex : Ibn al-Nafîs.

Na*h*âr (نَـهـار) : Jour. Ex : Na<u>h</u>âr al-'Abdî.

Na*h*bar (نَهْبَر) : Grand et maigre. Ex : Na*h*bar b. *H*aytham.

Na*h*d (نَهْد) : Sein ; poitrine de femme. Ex : Na*h*d b. Zayd.

Nahhâm (نَحّام) : Qui tousse. Surnom donné par le Prophète — sur lui la grâce et la paix — à Na'îm b. 'Abd-Allâh.

Nahhâs (نَحّاس) : Dinandier.

Na*h*î (نَهي) : Qui réfléchit sainement, d'une intelligence brillante.

Na*h*îk (نَهيك) : Courageux ; sabre tranchant ; de bonnes mœurs.

Na*h*lân (نَهلان) : Buveur ; fraîche, humide.

Na*h*shal (نَشْهَل) : Loup ; épervier. Ex : Na*h*shal b. 'Amr.

Nâ'im (ناعِم) : Agréable, confortable, doux, raffiné. Nom de l'un des serviteurs du Prophète — sur lui la grâce et la paix.

Na'îm (نَعيم) : Plaisirs, agrément, délices ; argent ; quiétude, tranquillité.

Najaf (نَجَف) : Digue, dune, monticule ; nom d'une ville en Irak. Ex : Najaf b. abî *S*ufra.

Najâshî (نَجاشي) : Rabatteur (chasse) ; titre des rois d'Ethiopie (Négus).

Najd (نَجْد) : Région de l'Arabie. Ex : Najd b. al-*S*âmit.

Nâjî (ناجي) : Sauvé. La forme féminine Nâjiya se donne également comme prénom masculin.

Najîb (نَجيب) : Courageux ; de noble extraction.

Nâjid (ناجد) : Même sens que Najîd.

Najîd (نَجيد) : Courageux ; lion.

Najîh (نَجيه) : Pyorrhée ; qui aboutit, qui réussit. Nom du serviteur de Kul<u>th</u>ûm b. al-*<u>H</u>*adm.

Najiyy (نَجِيّ) : Confident ; secret ; interlocuteur ; bruit sourd que profèrent les magiciens ; rapide.

Najjâd (نَجّاد) : Même sens que Nâjid. Ex : Salmân al-Najjâd.

Najjâr (نَجّار) : Menuisier. Les Banî Najjâr étaient la tribu des oncles maternels du Prophète — sur lui la grâce et la paix.

Najl (نَجل) : fils, descendance ; origine ; nature ; eau courante.

Najm (نَجْم) : Etoile, pléïades ; origine ; moment de payer sa dette.

Nâjiya (ناجِيَة) (mixte) : Chamelle rapide à la course.

Nakkâs (نَكّاس) : Inversé, humilié.

Namat̲ (نَمَط) : Feutre, tapis ; manière, mode, système.

Nâmî (نامي) : Celui qui réussit, qui fait sa croissance ; en voie de dévellopement ; vivant.

Namîla (نَميلة) : Calomnie. Ex : Namîla b. 'Abd Allah.

Nâmiya (نامِيَة) (mixte) : Forme féminine de Nâmî, utilisable cependant en tant que prénom masculin.

Namîr (نَمير) : Pur, agréable, (s'emploie pour l'eau comme pour l'honneur) ; nombreux. Ex : Namîr b. 'Urayb.

Namla (نَمْلَة) : Fourmi. Ex : Namla b. 'Âmir al-Muhâribî.

Naqb (نَقْب) : Excavation, forage, sape, percement. Ex : Naqb b. Farwa.

Nâqib (ناقِب) : Représentant, remplaçant. Ex : Hammu b. Nâqib.

Nâqid (ناقِد) : Critique. Ex : Muhammad b. al-Nâqid.

Naqîda (نَقيدَة) : Ex : Naqîda b. 'Umar.

Naqqâda (نَقّادَة) : Critique, attentif ; acerbe. Ex : Naqqâda al-Uzdî.

Naqqâ<u>sh</u> (نَقّاش) : Sculpteur. Ex : Al-Hassan al-Naqqâ<u>sh</u>.

Na'sân (نَعْسان) : Assoupi ; employé d'ordinaire comme nom de famille.

Nâ<u>sh</u>ira (ناشِرَة) : Qui répand, qui étend. Ex : Nâ<u>sh</u>ira al-Muzanî. Bien que de forme féminine, ce nom est employé pour le masculin.

Na<u>sh</u>î<u>t</u> (نَشيط) : Zélé, appliqué, dynamique.

Nâshid (ناشِد) : Chanteur

Na<u>sh</u>wân (نَشْوان) : Ivresse.

Nâ*s*i' (ناصِع) : Pur, non mélangé, clair, apparent.

Nasîb (نَصيب) : Proche parent. De circonstance. Poésie légère adressée à une femme.

Na<u>s</u>îb (نَصيب) : Part ; lot ; destin. Ex : Na<u>s</u>îb b. Rabâh, le poète.

Nâ<u>s</u>if (ناصِف) : Conseiller, serviteur.

Nâ<u>s</u>ih (ناصِح) : Pur, non mêlé.

Nasîm (نَسيم) (mixte) : Brise, souffle ; esprit ; dureté.

Nâ*s*ir (ناصِر) : Soutien, partisan, auxiliaire, cours d'eau au fond d'une vallée. L'un des Noms divins.

Na<u>s</u>îr (نَصير) : Victorieux, mercenaire, soutien.

Nas<u>t</u>ûr (نَسْطور) : Nestor.

Na<u>s</u>r (نَصْر) : Réussite, victoire, pluie ; souvent composé en Na<u>s</u>r al-Dîn.

Nasr (نَسْر) : Aigle.

Nassâba (نَسّابَة) : Généalogiste. Ex : Ahmad al-Nassâba.

Na<u>ss</u>âr (نَصّار) : Aide, auxiliaire, défenseur (forme intensive).

Nas<u>t</u>âs (نَسْطاس) : Serviteur de <u>S</u>afwân b. Umayya, converti à la bataille de Uhud.

Na<u>s</u>ûh (نَصوح) : Qui prodigue des conseils, sincère.

Na*s*ûr (نَصور) : Victorieux, soutien.

Nâzih (نازِه) : Eloigné.

Nazî*h* (نَزيه) : Qui a de la retenue ; désintéressé ; honorable. Féminin : Nazî*h*a.

Nazîl (نَزيل) : Invité, compatriote ; établi en un lieu déterminé.

Na*z*îr (نَظير) : Semblable, égal. Ex : Na*z*îr al-Muzanî.

Nawba (نَوْبَة) (mixte) : Evénement, accident ; tour de rôle, révolution. Nom de l'un des serviteurs du Prophète — sur lui la grâce et la paix.

Nawfal (نَوْفَل) : Mer ; très généreux ; beau jeune homme.

Nawras (نَوْرَس) : Mouette, goéland.

Nawwâr (نَوّار) : Très lumineux.

Ni*d*âl (mixte) (نِضال) : Défense, combat ; lancer de flèches victorieux.

Nimr (نِمْر) : Animal tacheté, léopard. Ex : Nimr al-Khuzâ'î.

Nizâr (نِزار) : Vraisemblablement de *nazara*, être en petite quantité. Nizâr était un des ancêtres du Prophète — sur lui la grâce et la paix.

Nizâz (نِزاز) : Concurrence.

Nu'aymân (نُعَيْمان) : Diminutif de Nu'mân.

Nufayl (نُفَيْل) : Diminutif de *nafl*, don, butin, cadeau, présent. Ex : Nufayl b. Habîb.

Nu*h*âd (نُهاد) (mixte) : Quantité, nombre.

Nujaym (نُجَيْم) : Diminutif de Najm.

Nu'mân (نُعْمان) : Nom des rois d'al-Hîra.

Numayr (î) (نُمَيْر) : Diminutif de Nimr.

Nûn (نون) : Baleine ; sabre, tranchant du sabre ; encrier. Ex : Dhû al-Nûn.

Nûr (نور) (mixte) : Lumière.

Nûrî (نوري) : Lumineux.

Nusayr (نُصَيْر) : Diminutif de Nasr. Ex : Nusayr al-'Anbasî.

Nu<u>s</u>ra (نُصْرَة) : Victoire. Ex : Nu<u>s</u>ra b. Akbar

Nuwâs (نُوَاس) : Ex : Dhû Nuwâs b. Tubân.

Nuwayra (نُوَيْرَة) (mixte) : Diminutif de Nûra.

Féminin

Na'âma (نَعامَة) (mixte) : Autruche.

Nab'a (نَبْعَة) : Source ; origine. Ex : Nab'a al-Habashiyya, servante d'Umm *H*ani'.

Nabî<u>sh</u>a (نَبيشَة) : Terre ou vase tirée d'un puits. Ex : Nabî<u>sh</u>a bint Ka'b.

Nâ'ila (نائلَة) : Celle qui obtient.

Nadâ (نَدى) : Rosée, pluie ; générosité, opulence ; herbe ; étendue, limite, terme.

Nadba (نَدْبَة) : Balafre, cicatrice. Ex : Nadba, servante de Maymûna, épouse du Prophète — sur lui la grâce et la paix.

Nâdira (نادِرَة) : Chef d'œuvre oratoire.

Nâdya (نادْيَة) : Point éloigné d'un lieu déterminé.

Nâfila (نافِلَة) : Surérogatoire ; butin, don ; descendance.

Nafîsa (نَفيسَة) : Précieuse, rare.

Nagham (نَغَم) : Refrain. Nom masculin employé comme prénom féminin.

Nâ*h*id (ناهِد) : Lion ; femme à forte poitrine.

Na*h*îda (نَهيدَة) : Mets à base de graines de coloquinte et farine.

Nâ'ima (ناعِمَة) : Jardin luxuriant, verdoyant.

Najâh (نَجاح) (mixte) : Obtenir ce que l'on demande, réussite.

Najât (نَجاة) : Salut, délivrance ; branche ; truffe ; terrain élevé.

Nâjiya (ناجِيَة) (mixte) : Chamelle rapide à la course.

Najiyya (نَجِيَّة) : Obsession, cauchemar, hantise.

Najlâ' (نَجْلاء) : Grande, large (œil).

Najma (نَجْمَة) : Etoile ; parole.

Najûd (نَجود) : Femme noble et raisonnable.

Najwa (نَجْوَة) : Monticule. Ex : Najwa bint Na<u>h</u>daj.

Najwâ (نَجْوَى) : Conciliabule, aparté, monologue, secret.

Na'mâ' (نَعْماء)

Nâmiya (نامِيَة) (mixte) : Forme féminine de Nâmî.

Nâradîn (نارَدِين) : Plante odoriférante,

valériane ; mot masculin employé comme prénom féminin.

Narjis (نَرْجِس) : Narcisse ; mot masculin employé comme prénom féminin.

Na<u>sh</u>wa (نَشْوَة) : Ivresse.

Nasîba (نَسِيبَة) : De même origine ; poésie galante.

Nâ<u>s</u>ifa (ناصِفَة) : Cours d'eau.

Nasîm (نَسيم) (mixte) : Brise, souffle ; esprit ; dureté.

Nasma (نَسْمَة) : Léger souffle de vent.

Na*t*af (نَطَف) : Perle fine.

Nawâl (نَوال) : Juste, bien ; part, acquisition, gain ; obtention, don ; mot masculin employé comme prénom féminin.

Nawâr (نَوار) : Femme qui a de la retenue et qui fuit les situations ambigües. Ex : Nawâr bint Mâlik.

Nawba (نَوْبَة) (mixte) : Evénement ; accident ; tour de rôle, révolution.

Ni*d*âl (نِضال) (mixte) : Défense, combat ; concours de tir à l'arc.

Ni*h*ya (نِهْيَة) : Grasse (chamelle). Egalement Na*h*iyya.

Ni'ma (نِعْمَة) : Gain, subsistance, biens ; bienveillance, faveur, joie.

Nisrîn (نِسْرين) : Eglantier ; mot masculin employé comme prénom féminin.

Nubaysa (نُبَيْسَة)

Nu*h*â (نُهى) : Intellect ; mot masculin employé comme prénom féminin.

Nu*h*âd (نُهاد) (mixte) : Quantité, nombre.

Nu'mâ (نُعْمى) : Bienfait, vertu, douceur de vivre, biens, paix, innocence.

Nûr (نـور) (mixte) : Lumière.

Nûra (نـورة) : Marquc, trace, calcaire.

Nutayla (نُـتَـيْـلَة) : Attirante, entraînante ? Ex : Nutayla bint Qays.

Nuwayla (نُـوَيْـلَة) : Diminutif de Nâ'ila.

Nuwayra (نُـوَيْـرَة) (mixte) : Diminutif de Nûra.

Nuz*h*a (نُـزْهَـة) : Promenade, lieu éloigné.

Hâ'
هاء

Masculin

***H*abîb** (هَبيب) : Violent, impétueux, agité (vent). Ex : *H*abîb b. Mughaffal.

***H*abîl** (هَبيل)

***H*âbîl** (هابيل) : Nom coranique d'Abel, le frère de Caïn.

***H*addâj** (هَدّاج) : Qui marche d'un pas tremblant. Ex : *H*addâj al-Hanafî.

***H*addâr** (هَدّار) : Grondement (du tonnerre, d'un fleuve).

***H*âdî** (هادي) : Celui qui guide, celui qui devance ; cou ; lion.

***H*adîm** (هَديم) : Ex : *H*adîm b. 'Abd Allah.

***H*adm** (هَدْم) : Coup, démolition, assaut. Ex : *H*adm b. Mas'ûd.

***H*â'im** (هائِم) : Indécis ; amoureux ; égaré. Féminin : *H*uyyâm.

***H̲*ajjâm** (هَجّام) : Courage, lion ; agressif. Mais c'est l'adjectif de relation Hajjâmî qui est le plus généralement employé.

***H̲*ajjâs** (هَجّاس) : Lion. Ex : *H̲*ajjâs al-Ayâdî.

***H̲*ajna'** (هَجْنَع) : Grand et gros ; vieillard chauve ; né pendant les chaleurs. Ex : Al-*H̲*ajna' b. 'Abd-Allah.

***H̲*âma** (هامَة) : Ex : *H̲*âma b. A*h̲*yam.

***H̲*ammâm** (هَمّام) : Celui qui met à exécution ce qu'il a décidé.

***H̲*âni'** (هانِئ) : Heureux, comblé ; agréable, confortable ; plaisant ; serviteur. *H̲*anî a le même sens.

***H̲*annâd** (هَنّاد) : Tranchant d'un sabre.

***H̲*arim** (هَرِم) : Vieux, décrépit. Ex : *H̲*arim serviteur du Prophète — sur lui la grâce et la paix — et *H̲*arim abû al-'Ajfâ'.

***H̲*ârûn** (هارون) : Nom coranique de Aaron, frère de Moïse — sur eux la paix.

***H̲*âshim** (هاشِم) : Montagne ; qui rompt le pain ; qui trait les bêtes. Nom de l'un des ancêtres du Prophète — sur lui la grâce et la paix.

***H̲*awwâs** (هَوّاس) (al) : Lion ; courageux ; gros mangeur.

***H̲*aybân** (هَيْبان) : Craint, redouté, respecté.

***H̲*aydân** (هَيْدان) : Poltron. Ex : *H̲*aydân al-'Absî.

Haykal (هَيْكَل) : Temple, forme, construction. Ex : Haykal b. Jâbir.

Hayt (هَيْت) : Ce mot signifie : "viens ici" ; terrain en contrebas. Ex : Hayt al-Muknnith. On trouve également Hît.

Haymân (هَيْمان) : Passionné, assoiffé.

Haytham (هَيْثَم) : Faucon, le petit du faucon ; aiglon ; sable rouge.

Hayyâj (هَيّاج) : Agité, déchaîné, ému, excité. Ex : Hayyâj b. Bassâm.

Hazhâz (هَزْهاز) : Abondant, qui coule en abondance ; brillant, étincelant (sabre). Ex : al-Hazhâz b. 'Umar.

Hazîl (هَزيل) : Hazîl b. Sharhabîl.

Hazîm (هَزيم) : Bruit du tonnerre, tonnerre ; cheval qui hennit avec force.

Hazzâ' (هَزّاع) : Lion féroce.

Hiba (هِبَة) (mixte) : Don sans contrepartie ; qui donne sans attendre de retour.

Hidâya (هِدايَة) (mixte) : Indice ; bon sens.

Hilâl (هِلال) : Croissant de lune ; beau jeune homme ; première pluie ; serpent, serpent mâle.

Hiql (هِقْل) : Grand bête ; tyran ; petit de l'autruche. Ex : Hiql b. Zyâd.

Hirmâs (هِرْماس) : Lion, panthère ; Hermès. Ex : Hirmâs b. Zyâd al-Bâhilî.

Hishâm (هِشام) : Générosité. Ex. : Hishâm, le serviteur du Prophète — sur lui la grâce et la paix.

Hissâm (هِسّام) : Peut-être de *hasama*, briser ?

Hubâr (هُبار) : Ex : Hubâr b. al-Aswad.

Hubayl (هُبَيْل) : Ex : Hubayl b. Ka'b.

Hubayra (هُبَيْرَة) : Hyène. Ex : Hubayra b. Sabal.

Hudba (هُدْبَة) : Franges ; cils. Ex : Hudba b. Khâlid.

Hûdha (هوذَة) : Ou Hawdha, oiseau de Katha. Ex : Hûdha b. Khalîfa al-Thaqafî.

Hudhayl (هُذَيْل)

Hudhaym (هُذَيْم) : Peut-être de Hudhâm, épée tranchante ; courage ?

Hudh/dhâm (هُذّام) : Courage ; épée tranchante.

Hudhud (هُدْهُد) : Perruche.

Hulb (هُلْب) : Crin de cheval ; soie de porc. Ex : Hulb al-Tâ'î.

Humâm (هُمام) : Maître courageux ; généreux ; roi d'une grande force de caractère ; lion.

Hunayda (هُنَيْدَة) (mixte) : Peut-être diminutif de Hind. Ex : Hunayda b. Khâlid.

Huraym (هُرَيْم) : Cf : Harim dont il est le diminutif.

Hurayr (هُرَيْر) : Diminutif de *hirr*, petit chat. On

trouve également *H̲*urayra qui est mixte et davantage répandu.

H̲urmuz (هُرْمُز) : Roi de Perse.

H̲ushaym (هُشَيْم) : Diminutif de *H̲*i*sh*âm.

H̲uyyâm (هُيّام) : Fou d'amour.

H̲uzzâl (هُزّال) : Maigreur. Ex : *H̲*uzzâl b. 'Umar.

Féminin

Hadîl (هَديل) : Roucoulement de la colombe, petit de la colombe ; poilu(e).

Hâdiya (هادِيَة) : Bâton, cou, lion.

Hâdiyya (هادِيَّة) : Cadeau, bête sacrificielle (notamment au moment du pèlerinage).

Hâjar (هاجَر) : Sans doute de *hajara*, émigrer. Epouse d'Abraham et mère d'Ismâ'îl — sur eux la paix.

Hajîma (هَجِيمَة) : Attaquante.

Hâla (هالَة) : Mirage, nuages ; dunes de sable élevées. Ex : Nom de la sœur d'al-sayyida Khadîja, première épouse du Prophète — sur lui la grâce et la paix.

Hanâ' (هَناء) : Plénitude ; félicité.

Hayâm (هَيام) : Une terre fine et sèche ; nom masculin employé comme prénom féminin.

Hayfâ' (هَيْفاء) : Mince, svelte.

Hazîla (هَزِيلَة) : Maigre. Ex : Hazîla bint Thâbit.

Hiba (هِبَة) (mixte) : Don.

Hayba (هَيْبَة) : Majesté ; respectabilité.

Hidâya (هِدايَة) : Guidance.

Hind (هِنْد) : Habitants de l'Inde ; troupeau d'une centaine de chameaux et plus. Nom de l'épouse d'Abû Sufyân.

Hiyyâm (هيّام) : Eperdue.

Hudâ (هُدَى) : Bon sens, droiture ; journée ; obéissance ; voix ; clarté.

Hurayra (هُرَيْرَة) (mixte) : Diminutif de *hirr*, chat. Ex : Hurayra bint Zam'a.

Hullâ (هُلّى) : Soulagement.

Humayya (هُمَيَّة) : Ex : Humayya bint Khalaf.

Hunayda (هُنَيْدَة) (mixte) : Sans doute diminutif de Hind. Ex : Hunayda bint Sa'sa'a.

Wâw
واو

Masculin

Wabara (وَبَرَة) : Poil de chameau ou de chèvre ; bourre.
Wâbisa (وابِصَة) : Brillant (éclair), étincelant ; pour un animal, le fait d'ouvrir les yeux.
Wabr (وَبْر) : Daman (zool.). Ex : Wabr b. abî Dulayla.
Wudda (وُدَّة) : Affection. Ex : Wudda bint 'Utba.
Wa*dd*âh (وَضّاح) : Beau de visage, blanc de peau, souriant ; jour. Ex : Wa*dd*âh al-Yashkurî.
Wadî' (وَديع) : Amène, doux, paisible.
Wadûd (وَدود) (mixte) : Affectueux, aimant, aimé ; l'un des Noms divins. S'emploie également composé : 'Abd al-Wadûd.
Wafâ' (وَفاء) (mixte) : Fidélité, loyauté.
Wâfî (وافي) : Loyal, fidèle, parfait, complet.
Wafîq (وفيق) : Compagnon.

Wafiyy (وفيّ) : Loyal, fidèle, désintéressé.

Wa*h*b (وَهْب) : Don. Ex : Wa*h*b b. Khanfash.

Wa*h*ba (وَهْبَة) (mixte) : Tantôt employé comme nom de famille, tantôt comme prénom. Même sens que Wa*h*b.

Wa*hh*âb (وَهّاب) : Donateur ; l'un des Noms divins. S'emploie composé : 'Abd al-Wa*hh*âb.

Wa*h*îb (وَهيب) : Doué ; généreux.

Wâhid (واحِد) : L'unique ; l'un des Noms divins. S'emploie composé : 'Abd al-Wâhid.

Wahîd (وَحيد) : Intensif de Wâhid. Il ne fait pas partie de la liste des Noms divins. On trouve également : Wâhidî.

Wahshî (وَحْشي) : Sauvage. Nom du compagnon qui, avant de se convertir à l'Islam, tua al-Hamza, l'oncle du Prophète — sur lui la grâce et la paix.

Wâ'il (وائِل) : Celui qui revient vers Dieu, qui cherche un refuge ; violent. Ex : Wâ'il b. Hujr.

Wâ'iz (واعِظ) : Guide, prédicateur.

Wâjib (واجِب) : Obligatoire. Ex : Ahmad b. Muhammad b. Wâjib.

Wâjid (واجِد) : Amoureux, passionné ; riche ; puissant : l'un des Noms divins.

Wajî*h* (وَجيه) : Notable, seigneur. Féminin : Wajî*h*a.

Wakî' (وَكيع) : Fort, robuste, ferme ; bélier ; vil. L'un des maîtres de l'imâm al-Shâfi'î portait ce nom.

Wakîl (وَكيل) : Fondé de pouvoir, homme de confiance ; courageux. L'un des Noms divins ; s'emploie composé : 'Abd al-Wakîl.

Wal*h*ân (وَلْهان) : Passionné, amoureux.

Walî (وَلي) : Amoureux ; protégé, pris en charge ; ami, soutien, allié ; tuteur.

Walîd (وَليد) : Nouveau-né.

Wâqid (واقِد) : Ardent, prompt, vif. Ex : Wâqid b. abî Wâqid al-Laythî.

Waqqâs (وَقّاص): Qui brise ; au cou court.

Waraqa (وَرَقَة) : Feuille. Ex : Waraqa b. Nawfal, cousin d'al-Sayyida Khadîja, épouse du Prophète — sur lui la grâce et la paix.

Ward (وَرْد) (mixte) : Rose ; courage ; lion ; rouge. Ex : Ward b. 'Abd-Allah al-Thaqafî.

Wari' (وَرِع) : Pieux.

Wârid (وارِد) : Courageux ; chemin ; celui qui précède ; cheveux flottants, cheveux longs ; inspiration.

Wârith (وارِث) : L'héritier ; l'un des Noms divins. S'emploie composé. Ex : 'Abd al-Wârith.

Warqâ' (وَرْقاء) (mixte) : Grise ; cendrée ; colombe ; louve ; âme universelle.

Warrâd (وَرّاد) : Qui descend à l'eau. Ex : Warrâd al-Thaqafî.

Warrâq (وَرّاق) : Papetier.

Warsh (وَرْش) : Excité ; plat préparé avec du lait. Il existe un transmetteur du Coran célèbre qui porte ce nom.

Wâsil (واصِل) : Arrivé, uni, connaissant. Ex : Wâsil b. Hayyân.

Wasîm (وَسيم) : Beau de visage. Féminin : Wasîma.

Wasmî (وَسْمي) : Premières pluies du printemps.

Wassâj (وَسّاج) : Ex : Wassâj b. 'Uqba.

Wâthiq (واثِق) : Confiant, sûr de soi.

Wâthila (واثِلَة) : Vraisemblablement de *wathala*, raffermir, consolider, tresser. Ex : Wâthila b. al-Asqa', l'un des compagnons du Prophète — sur lui la grâce et la paix.

Wazzân (وَزّان) : Qui fait une pesée. Ex : 'Uthmân b. al-Wazzân.

Wazîr (وَزير) : Intendant, ministre. Ex : Wazîr b.Sabîh.

Wifâq (وِفاق) : Accord ; bonne entente.

Wisâm (وِسام) : Décoration, insigne, médaille.

Féminin

Wa'd (وَعْد) : Promesse.

Wa<u>d</u>â'a (وَضَاءَة) : Beauté, propreté.

Wadî'a (وَدِيعَة) : Dépôt, fiabilité, loyauté.

Wadûd (وَدود) (mixte) : Affectueux, aimant, aimé ; l'un des Noms divins. S'emploie également composé : 'Abd al-Wadûd.

Wafâ' (وَفاء) (mixte) : Fidélité, loyauté.

Wâha (واحَة) : Oasis.

Wa<u>h</u>ba (وَهْبَة) (mixte) : Tantôt employé comme nom de famille, tantôt comme prénom. Même sens que Wa<u>h</u>b. Ex : Wa<u>h</u>ba bint Ubay b. <u>Kh</u>alaf.

Wa<u>h</u>îba (وَهيبَة) : Douée ; généreuse.

Wahîda (وَحيدَة) : Unique.

Wajd (وَجْد) : Passion, joie ; richesse, puissance ; nom masculin employé comme prénom féminin.

Walâ' (وَلاء) : Amour, amitié, sincérité, possession, proximité, clientélisme, liens.

Waq<u>s</u>â' (وَقْصاء) : Au petit cou. Ex : Waq<u>s</u>â' bint Mas'ûd.

Ward (وَرْد) (mixte) : Rose ; courage ; lion ; rouge. Ex : Ward b. 'Abd-Allah al-Thaqafî.

Warda (وَرْدَة) : Rose.

Warqâ' (وَرْقاء) (mixte) : Grise ; cendrée ; colombe ; louve ; âme universelle.

Wasâma (وَسامَة) : Traces de la beauté, vestiges.

Wasana (وَسَنَة) : Assoupissement.

Wasîla (وَسيلَة) : Intermédiaire.

Was̲la (وَصْلَة) : Union. Ex : Was̲la bint Wâ'il.

Wi'âm (وِئام) : Accord, paix, harmonie.

Widâd (وِداد) : Affection.

Wiqâya (وِقايَة) : Protection.

Wis̲âl (وِصال) : Union ; nom masculin employé comme prénom féminin.

Wishâh (وِشاح) : Epée ; arc ; manteau de femme ; écharpe.

Wudda (وُدَّة) : Affection. Ex : Wudda bint 'Utba.

Yâ’ ياء

Yâsir (ياسِر) : Facile, heureux ; béni.

Yâfi‘ (يافِع) : Elevé, pré-adolescent.

Yâqût (mixte) (ياقوت) : Hyacinthe.

Yâmin (يامِن) : Béni, bienheureux.

Yamîn (يَمين) : Béni.

Yasâr (يَسار) : Facilité, richesse ; côté gauche.

Yâ sîn (ياء سين) : Lettres isolées par lesquelles commence une des sourates du Coran les plus lues ; elles sont généralement considérées comme un des noms du Prophète — sur lui la grâce et la paix.

Yusr (يُسْر) : Facilité, richesse.

Ya‘fûr (يَعْفور) : Gazelle ; bufflon ; partie de la nuit.

Ya‘qûb (يَعْقوب) : Perdreau ; nom arabe du prophète Jacob — sur lui la paix.

Yaqẓân (يَقْظان) : Eveillé, sur ses gardes.

Yamâm (يَمام) (mixte) : Pigeon sauvage, objectif. Féminin : Yamâma.

Yazîd (يَزيد) : Qui signifie : il s'accroit.

Yumn (يُمْن) (mixte) : Bénédiction.

Yûnus (يونُس) : Nom coranique du prophète Jonas — sur lui la paix.

Yûsuf (يوسُف) : Nom coranique du prophète Joseph — sur lui la paix.

Féminin

Yamâm (يَمام) (mixte) : Pigeon sauvage, objectif.

Yamâma (يَمامَة) : Forme féminine de Yamâm.

Yamîna (يَمينَة) : Féminin de Yamîn.

Yaqaza (يَقَظَة) : Veille, vivacité d'esprit.

Yâqût (ياقوت) (mixte) : Hyacinthe.

Yâsmîn (يَسْمين) : Jasmin.

Yumn (يُمْن) (mixte) : Bénédiction.

Yasîra (يَسيرَة) : Facile. Ex : Yasîra bint Yâsir.

Yusayra (يُسَيْرَة) : Diminutif de Yasîra.

Yusrâ (يُسْرى) : Côté gauche ; facilité.

Achevé d'imprimer à Barcelona – Espagne

Tél : 00 34 60 954 07 01
Fax: 00 34 93 753 09 87
Fax: 00 34 94 126 09 98